三月釆風

台　客◎雪　飛◎主編

文史哲詩叢
文史哲出版社印行

國家圖書館出版品預行編目資料

三月采風 / 台客, 雪飛主編. -- 初版 -- 臺
北市：文史哲, 民 101.07
頁; 公分（文史哲詩叢；107）
ISBN 978-986-314-042-9（平裝）

831.86　　101012944

文史哲詩叢 107

三月采風

主編者：台客 ◎ 雪飛
出版者：文史哲出版社
http:// www.lapen.com.tw
e-mail：lapen@ms74.hinet.net
登記證字號：行政院新聞局版臺業字五三三七號
發行人：彭正雄
發行所：文史哲出版社
印刷者：文史哲出版社
臺北市羅斯福路一段七十二巷四號
郵政劃撥帳號：一六一八〇一七五
電話886-2-23511028・傳真886-2-23965656

定價新臺幣五六〇元

中華民國一〇一年（2012）七月初版

ISBN 978-986-314-042-9　　009107

三月采風

目 次

三月詩會詩筆不老

——寫於三月詩會成立二十周年暨《三月采風》出版前

麥穗

「三月詩會」為慶祝成立二十周年，在二〇一二年出版第七本同仁紀念詩選《三月采風》。詩會在一九九四年成立一周年時，曾出版第一本同仁詩選《三月情懷》，嗣後一九九六年成立三周年的《三月交響》，一九九八年成立五周年的《三月風華》，二〇〇〇年慶祝千禧年的《千禧三月》，二〇〇三年成立十周年的《三月十年》，二〇〇七年成立十五周年的《彩霞滿天》等。豐碩的成果，在台灣眾多詩的團隊中，應屬少見。

遠在二十年前的一九九三年三月的某一個下午，一群已退休和即將退休的詩友，在書香壓頂的國家圖書館餐廳相聚小酌。面對窗外即將西斜的太陽，喝著喝著喝出了一個「三月詩會」。其緣起於兩位資深詩人田湜和林紹梅，他倆是福建同鄉，田湜曾經是早年風行一時的文藝期刊《野風》主編。煙酒公賣局退休的林紹梅，退休前在公賣局人事室，與省籍詩人吳瀛濤面對面辦公，是同事也是詩友。於是兩位鄉親相聚在一起時，除了緬懷鄉情，話題一轉總會轉到詩上，彼此常常會拿出新作，相互砌磋一番。因此觸發了找幾個志同道合的銀髮詩友，一起定期來談詩的念頭。藉此可以維持寶刀的鋒芒。

餐聚當天應邀出席的除了田湜、林紹梅，有王幻、文曉村、晶晶、藍雲、劉菲、張朗、謝輝煌、麥穗及劉菲找來的，許久沒有在詩壇露面的邱平等十一人。其中田湜、林紹梅都已年過七旬，其他的也都六十開外，最年輕的藍雲一九三三年出生，也已年屆花甲。經研商結果，決定成立一個不設會長，沒有幹部，不收會費的沙龍式詩會。因為始創於三月，故一致同意命名為「三月詩會」。並定每月第一個星期六為固定雅聚日，由同仁輪流擔任值月召集人。餐聚小酌談詩品茗費用，由出席同仁分攤（現已改由召集人買單）。當值召集人負責當月詩作命題，洽定聚會場所，發通知單，並主持座談。出席同仁應以當月詩題範圍，提出詩作影本分供同仁欣賞品評。一個以銀髮族為主的小小詩團體「三月詩會」誕生了。

詩會成立二十年來，每月一次的餐聚、小酌、誦詩、合評，歷經二百四十個周末，未曾中斷過。除十一位創會同仁外，先後進進出出，總共參予者將近四十人之多，其中在會不幸往生者，包括創會同仁田湜、林紹梅、劉菲、張朗、文曉村等五位外，還有周煥武、王碧儀、許運超等三位。其他或因健康問題，或移民出國及家庭因素等，來而又走的有二十位左右。目前能正常參加活動的同仁共有十九人。其中創會同仁除往生者外，藍雲因夫人健康關係，邱平因生活習慣因素離會，其餘王幻、謝輝煌、晶晶、麥穗等四位，二十年來雖已逾八十高齡，寫詩、論詩、召集二十年如一日，堅持至今。

三月詩會的同仁，入出會極為自由，原來以銀髮一族的原則，後因萬綠叢中一點紅的唯一女同仁晶晶太孤單寂寞，破例接受了較年輕的女詩人關雲、王碧儀和莫野，從此會門大開，衹要你是寫詩的，今後會一直寫下去的老、中甚至青年詩友，不分派別理念，都歡迎入列。到目前參加同仁中有屬於《葡萄園》、《秋水》、《乾坤》、《海鷗》、《大海洋》以及已離會的《創世紀》同仁邱平。可見是一個名副其實的詩壇大花園。同仁們雖都是詩界的朋友，但社會身分則各有其別，如大學教授、退役將軍、公務員、醫生、畫家、退休公教人員、退伍軍人、事業家、勞工及家庭主婦等等，不一而足。

詩會的成員，雖然大部分都是七、八十歲高齡，但並不是一群想自囿於小圈圈內作自我陶醉之輩。就因為要展現他們的雄心和幹勁，才能堅持這樣的一個結合。二十年來兩百四十個周末，同仁在詩聚中提出的作品，粗略估計應該在三千五百首左右，大部份都在報紙副刊及詩刊、雜誌上發表。何況早期同仁手中有不少刊物，如文曉村、金筑的《葡萄園》，王幻的《聯合報導》，林紹梅的《宇宙》，劉菲在世界論壇報上的《世界詩葉》，麥穗的《林友》，以及稍後藍雲創刊的《乾坤》，晶晶、關雲和莫野等合辦的《谷風》等等，故作品不愁沒有園地。而同仁個人結集出版的詩集，也達四、五十本之多。詩會本身雖不出版刊物，但在初創時，曾由劉菲和麥穗，將每月同仁提出的詩作加上小評，彙集成小冊印贈同仁，計出版了《三月情懷》、《茶情詩意》、《端陽詩懷》等，後因每月一冊太過密集而停止，改擇適當時日編印同仁選集，二十年來已出版了包括一、三、五、

十、十五周年紀念，兩千千禧年，以及慶祝二十周年的《三月采風》等，共七集同仁選集，可見詩會並非虛有其表的存在，同仁之詩筆也仍舊勇健不拙。

在「三月詩會」裡，年齡往往被忘卻了的，餐聚小酌時的天南地北，談詩論藝時的認真投入，餘勇不減當年。如年已八十好幾的王幻，還埋首在編輯台上主編《世界詩壇》雙周刊。甫自郵務單位退休的《葡萄園》詩刊主編台客，編務之暇為詩文交流勤跑兩岸。詩與評左右開弓的謝輝煌，年屆八十還鑽在典集中，研考不輟。接任詩歌藝術學會理事長後的林靜助，為拓展兩岸詩藝交流，創辦《藝文論壇》季刊及《紫丁香》詩刊，忙得不亦樂乎。退休了的醫生詩人《秋水》詩刊副社長雪飛，忙著撰寫他的「詩話隨筆」專欄。同樣是醫生退休的新、舊詩雙棲詩人，《乾坤》詩刊副社長徐世澤，新舊詩界兩頭忙。兩岸詩界聞名的朗誦專家金筑頻頻被邀請到兩岸三地發聲。詩風婉約的女詩人晶晶，家事繁瑣之餘，仍不忘詩情。此外，社會學家潘皓教授，曾出版《三月詩會研究》的陳福成，學丹青唱京戲的關雲。忙著作畫開畫展的畫家蔡信昌，一手寫詩一手書法的童佑華，臨老學電腦被電腦迷住的傅予，美國、德國、泰國到處跑，目前仍在印尼教「老外」中文的文林等，忙中均創作不輟。連目前因病在家休養的一信，也筆不離手，常有新作發表。尤其令人敬佩的是，家住台中市的資深詩人丁潁，在大陸經商多年後返台即自動加入詩會，多年來每月雅聚，總是不辭旅途勞頓，攜著詩卷台中、台北兩地跑。另，甫加入詩會不久也是最年輕的女詩人狼跋，是本會的新銳。

在台灣這個多元的詩壇，「三月詩會」行事低調，不爭名不為利，不參加各種活動，二十年來除了創會十周年，辦過一次會慶，暨《三月十年》新書發表會外，沒有辦過任何其他活動，是個獨來獨往的封閉式組合。雖獨來獨往，但也不完全拒人於千里之外，閉門造車自我陶醉，二十年來蒞會指教的兩岸及旅居國外的詩界貴賓，如國內的名詩人鍾鼎文、向明、涂靜怡、落蒂，旅美詩人謝青、寒星、魯竹，大陸詩評家古遠清、王常新等，多達二十餘人。

三月是萬物滋生的季節，君不見百年老樹，也會萌生新芽嗎？今天的「三月詩會」，老枝新芽歡聚一堂，其樂融融，是一個充滿著歡樂情趣的大家庭。欣逢創會二十周年，第七本同仁詩選出版，謹致上深深祝賀。

二〇一二年四月五日　訂正於烏來山居

9 圖像

全體創會同仁，1993 年合照留念（發起人田湜因故退會由金筑入補）
左起　前排：麥穗、謝輝煌、劉菲、晶晶、金筑、文曉村
　　　後排：王幻、藍雲、張朗、邱平、林紹梅

1993 年 4 月在陸羽茶館論詩
左起：金筑、晶晶、麥穗、張朗、邱平、劉菲、林紹梅、謝輝煌

1994 年 5 月在詩人畫家王祿松訪會於秀苑咖啡室
左起：一信、王幻、麥穗、文曉村、金筑、王祿松

1995 年 8 月大陸詩評家王常新教授來訪於秀苑咖啡室
左起　前排：莫野、晶晶、王幻、王常新、王碧儀、關雲、金筑
　　　後排：汪洋萍、藍雲、麥穗、文曉村、張朗、林恭祖
　　　　　　一信、邱平、謝輝煌

1998 年 4 月於秀苑咖啡室
左起 前排：金筑、謝輝煌、關雲、王碧儀、汪洋萍
後排：林齡、一信、藍雲、劉菲、張朗、徐世澤、麥穗、大蒙

2003 年 1 月於文藝協會
左起 前排：傅予、謝輝煌、文曉村、麥穗、張朗
中排：周煥武、晶晶、王碧儀、關雲、潘皓、王幻
後排：文林、汪洋萍、董劍秋、許運超、徐世澤、金筑、林齡

2004 年 3 月在天然台湘菜館餐聚
左起：王幻、謝輝煌、一信、傅予、麥穗

2009 年 2 月創會 16 年後在內湖「史東廚房」
餐聚論詩後在碧湖合照
左起：一信、麥穗、晶晶、關雲、童佑華、雪飛、丁潁、
謝輝煌、蔡信昌、傅予、許運超、潘皓

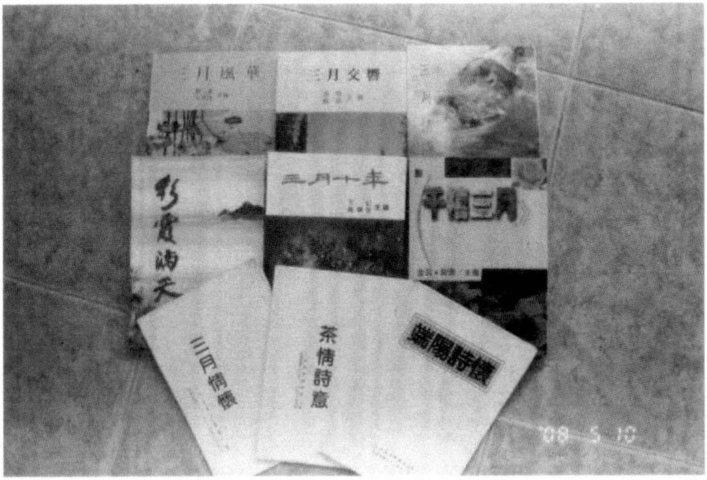

三月詩會已出版的同仁選集書影

2012 年 1 月份詩會同仁餐敘後合影
左起　前排：潘皓、王幻、謝輝煌、麥穗、關雲、狼跋、丁穎
　　　後排：傅予、金筑、林靜助、蔡信昌、童佑華、台客、
　　　　　　陳福成、文林
背景書法為北京知名書法家童孝鏞所書

爲三月詩會二十年作紀錄

王　幻作品

簡介：王幻，本名王家文，一九二七年生，山東蓬萊人。從事古典詩詞及現代詩的寫作，垂六十年。國立東北大學中文系，美國世界藝術學院榮譽文學博士。曾先後創辦《桂冠詩刊》、《中國詩刊》並兼任社長。現兼任「世界論壇報」之《世界詩壇》雙周刊主編及中國詩歌藝術學會常務理事。曾出版新詩集《情塚》、《時光之旅》、《秋楓吟》；另有《鄭板橋評傳》、《揚州八怪畫傳》、《屈原與離騷》、《黛眉小傳》、《戚繼光史話》、《晚吟樓詩文集》等著作出版。

梅花的風骨

梅是冬天的花
不與蘭蕙爭春
不和芳菲爭豔
抱著香遠益清的冰心
任令小寒大寒冷起
「大雪滿刀弓」的豪氣

梅是冬天的花
天生一身
霜姿傲骨
對那狂風絕不妥協哈腰
仰天、高歌、長嘯

梅是冬天的花
不為孤山高士
寧作梅山烈士
把滿腔沸騰的丹忱熱血

噴灑殷紅斑斑的雪嶺

樹立一尊國士的本色！

註：孤山高士林和靖，以「梅妻鶴子」終老。梅山烈士史可法，揚州十日殉國，他的衣冠塚葬在梅山，供後人憑弔。

二〇〇九年一月「世界詩壇」一四九期

浪花的夢境

渤海是我的老家
我沐於浪花中長大
及至十五、二十時
便扯起一片風帆
天涯海角
到處飄蕩

北達黑龍江
南抵太平洋
最後停泊在
福爾摩沙的新店溪
臨山卜居朝夕聆聽
蕭蕭松竹的風絮

我的書齋
建立在青潭之上
潺潺的水聲不捨晝夜

在我的枕邊唱著兒歌
喚醒、我對
浪花的夢境！

月是故鄉明

每讀這句老詞
我心深處即兀自浮現
絲絲縷縷地
淡淡的鄉思……

今夜，新月如舟
我曾夢想揚帆起航
沿盪銀河順流而下
回到海峽彼岸的老家

趁此朦朧的月色
登上蓬萊閣，造訪
八仙過海的水晶宮殿
與久違的老友把酒敘舊

然後，醉吟明月幾時有
管它換了人間

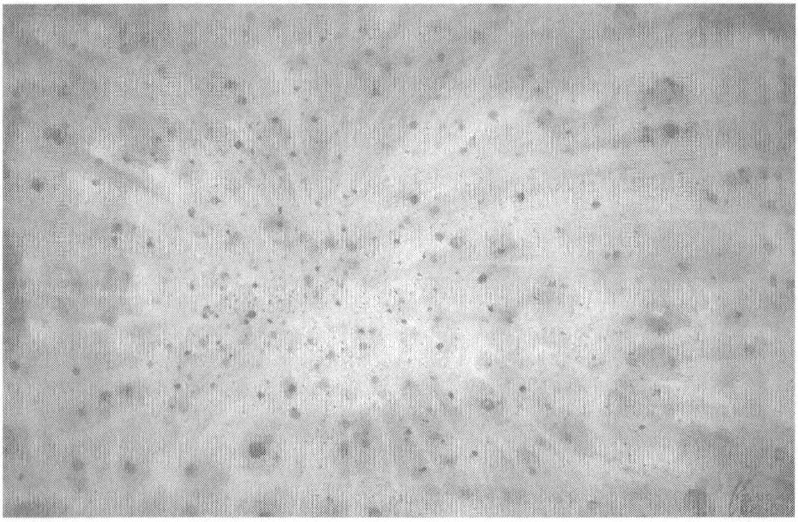

管它滄海桑田
唯金石之交終老不變！

二〇一〇年一月「世界詩壇」一七一期

老有所思

歲月的畫筆
在耄耋的頭上渲染一片
花花的雪花……

我即將思鄉的情絮
隱匿於白色的髮叢
以便視而不見

但，每當臨鏡回首
驀然發現這滿頭的風霜
流淌出滿眼的鄉愁

人生如同跨欄競跑
我已跨過八十四座歲欄
依舊朝向終點追趕
一個不止步的人

再怎麼快也跑不出
分分秒秒的時間
最後都倒在自己的腳下
彷若一片落葉
一聲嘆息！

二〇一〇年二月「世界詩壇」一七二期

古劍的殘夢

一柄烈火紋身的古劍
曾經縱橫大漠戈壁
殺得胡虜匈奴，望風逃竄
試聽：但使龍城飛將在
　不教胡馬渡陰山

無論天子之劍
或是諸侯之劍
其終極目的，在於
保國衛民不受外族侵凌
所謂：獨立三邊靜
　獨身一劍知

即使遊俠之劍
也是正義的化身
為了大是大非或個人榮辱
不惜拔劍而起

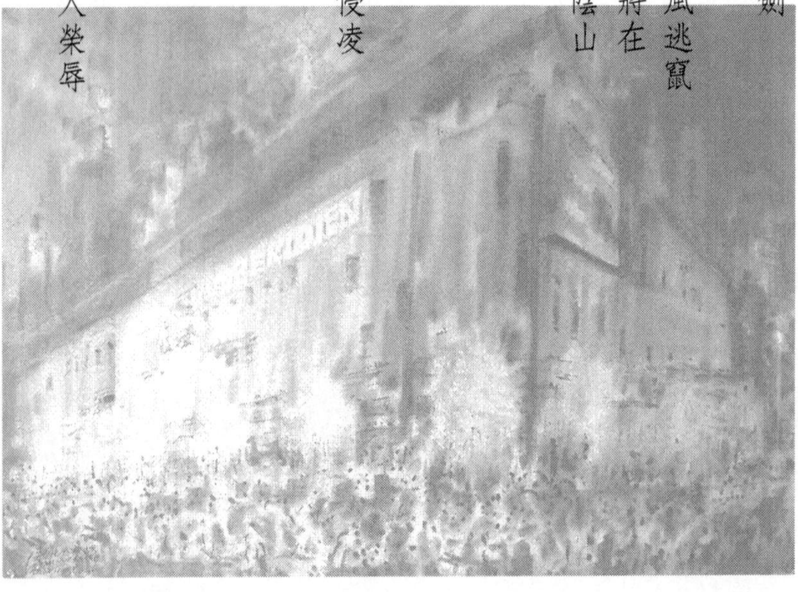

濺血五步

而今，星移物換
這柄古劍寧肯掛在牆上
面壁偃臥　做著淒涼的殘夢
誓不願被送進歷史博物館
躺在文明的玻璃櫥窗
供遊客指指點點
致失去往昔叱吒的尊嚴！

二〇一〇年二月「世界詩壇」一七二期

給小琪琪的詩　五首

愛的行程

細細霏霏的雨絲
連綿不斷
自新店以迄新竹

我禁足十年
未曾跨出鱗次櫛比
台北縣市的版圖

今天我拎著
滿懷愛的行程
去探望剛離巢的乳燕

雙層巴士
飛馳於高速公路
如一條巨鯨衝浪而行
直達新竹縣府車站

小琪琪牽著媽咪的手
已早來佇候

她披一件粉彩的雨衣
恍若花卉畫卷
著色生輝的小蓓蕾

題小琪琪的畫

妳的畫作
不加雕飾
流露一片天真的光彩

看這幅娃兒的臉
宛若影像妳的面容
胖嘟嘟的十分可愛可親

那兩只眼睛
以抽象的筆法畫出
自我瞇笑瞪視的心境

年方五歲的小豆苗
不要放棄衷愛的興趣
快樂開拓才藝的園地

畫吧！盡情的畫

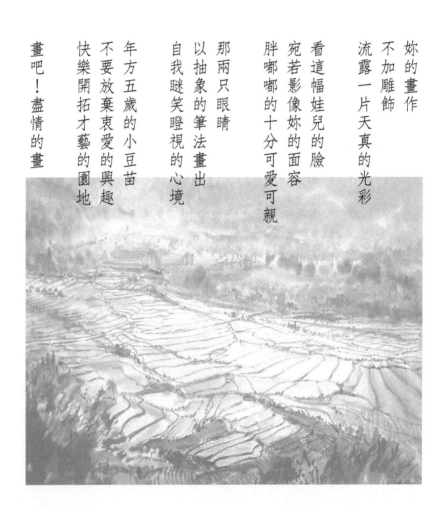

29　王　幻作品

唯有彩繪的童夢
永不隨歲月而褪色！

後記： 就讀新竹「小小世界幼稚園」中班的小外孫女謝子琪，自三、四歲起，即會拿筆塗抹畫畫。這幅畫作，頗具抽象風格及想像空間；茲題小詩，以資存念。

二〇〇七年作品

除夕風雨燕歸來

— 為謝子琪外孫女寫照

妳是王謝堂前
小燕子的化身？
紮起兩條烏黑的髮辮
彷彿剪剪雙釵的風采

台北的天空陰雨連綿
自舊年滴到新年
妳冒著濕冷的氣候
由新竹飛回新店

妳帶來了春的喜訊
致溫暖了冬的寒流
又軟語呢喃
似在祈許：新歲新願

我的小燕子
妳須練好飛翔的翅膀

31　王　幻作品

更要畫好行旅的藍圖
何懼於風風雨雨！

愛的生日賀卡

妳送給——
我的精美賀卡
一片親情，無限溫馨
令我詩心大悅

在賀卡左下方
畫個頭頂光禿禿的老者
他的造型，彷彿
和我似曾相識

妳年方八歲
能以中英文祝賀
我健康長壽，印證
情如枝葉、愛如瓜瓞

乖巧貼心的女娃
妳的賀卡是一份

33　王　幻作品

最珍貴的禮物，應予
亮在書房朝夕欣賞！

溫馨的童話

— 寄給新竹奇果幼稚園小班謝子琪

爺爺：
我好想到新店去照顧您
從新竹打的電話中
傳來溫馨的童言童語

我要把這句話
銘在心窩深處
因出自幼教小班生之口
真令人難以置信

期望妳將來
胸懷老老幼幼的大愛
照顧需要照顧的人
莫限於親其所親！

二〇〇七年十月　於晚吟樓

雪　飛作品

簡介：雪飛，本名孫健吾，一九二七年生，重慶酆都縣人。一九四八年隨軍來台，接受軍醫養成教育，並經考試院醫師考試及格。行醫數十年，目前已退休。現為《藝文論壇》雜誌社長、《秋水》詩刊副社長，中國詩歌藝術學會及中華民國新詩學會理事，中國文藝學會監事。已出版《滑鼠之歌》等多本詩集。

一首交流大合唱

我們十人小組
手捧一本《紫丁香》的歌譜
走進歡迎我們的
西南、師範、重慶三所大學
在三所大學的校園
共同譜出一首
交流大合唱的歌

我們譜出的歌
有真的熱情、善的友誼、美的音符
在三個歡迎的校園
我們一起來大合唱
讓這交流的歌聲
在重慶市那藍色的天空
與白雲擁舞
舞出愛，也舞出美

這首宏亮的歌聲
將在海峽兩岸
永遠不斷的傳唱
讓中華文化的芬芳
永遠散佈在兩岸天空
在全世界所有華人的地方

註：「紫丁香」為詩刊名。

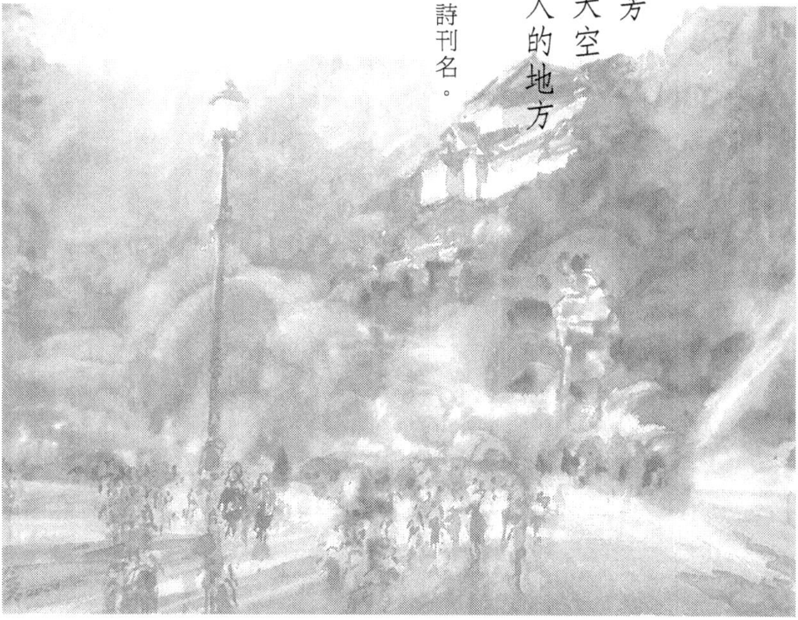

我要為妳寫一首歌

妳離我而遠去
我要為妳寫一首歌
讓歌聲繚繞
時時陪伴在妳身旁

日日夜夜
如太陽月亮接力歌唱
金色的聲波銀色的翅膀
在天空自由飛翔

像春夏秋冬不斷展開歌喉
高歌宇宙永恆的生命
那波動起伏不停的美的旋律
恰似妳生命曲線的溫柔

我要為妳寫一首歌
裁剪風的長髮為五線譜

39 雪　飛作品

摘下天上星星作音符
來譜出新的樂章

我要為妳寫一首歌
用黃金的情感珍珠的聲音
來高歌妳最美的生命
留下一串美的回憶

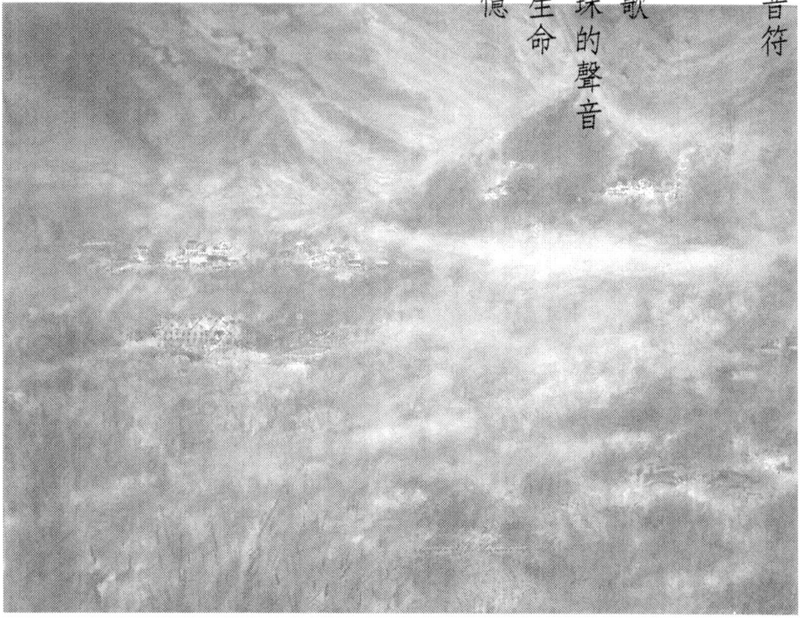

可愛的古城
—麗　江

妳，不是一條河
是座古城，像一位鄉村溫柔的姑娘
妳有水鄉之容的美
也有山城之貌的文靜
妳那家家流水
户户垂楊的微笑使我陶醉
妳那小橋流水人家的快樂歌聲
更讓我留戀在妳懷裡

妳的舞伴來自黑龍潭的流水
以龍之各種美的舞姿
同妳一起載歌載舞帶來了歡樂
那終年陪伴妳的玉龍雪山
也展現出納西風情、東巴文化的熱情
更增加妳力與美的誘惑

啊！麗江，可愛的古城

我願永遠躺在妳懷裡
欣賞妳的美，聽妳快樂的歌聲
想像妳那輕波蕩漾的舞步

二〇〇九年十月　遊雲南麗江有感

祝　福

—三月詩會雙十年華

你雖不是
英國皇宮的名譽會員
但頭戴詩人桂冠
已經雙十年華

你擁有青春的美麗
更擁有青春的活力
你頭上的詩人桂冠
不是英國王宮所授予
是你用唯美的詩句
一字一句
創作出的高貴藝術

雙十年華
就是一枝最珍貴的筆
我特以此來祝福
祝福你的靈感

一朵接一朵，不斷
有詩的花朵綻開……

二〇一一年八月十八日寫

今年的天空

今年的天空
雖然流動著千禧之愉快
但卻只有龍飛
而無鳳舞

今年的天空
雖然聲音特別多
但卻都戴上不同面具
使人難辨音質

今年的天空
雖然花言巧語四處飛舞
但那閃躲的眼神
卻難隱其奸詐

今年的天空
蘊藏著幸與不幸的數據

正待你親自去選擇
去小心開發……

寫於千禧年（總統大選年）二月

寂寞的太空船

發動智慧的引擎
我獨自駕駛一艘太空船
在無邊的星海漫行
載著我的夢
載著滿船寂寞

向鄰居月宮裡的嫦娥說再見
我的船駛出了
愛因斯坦「相對論」的港灣
它要去追求「絕對」
一座能放射愛與美的燈塔

駛過金星、水星
駛過火星、木星、土星和海王星
經過大小星星的島嶼
我的船一直在海上航行
尋找心中的港灣

在寂寞的船上
我帶著一束紅玫瑰
當妳的眼波為我放射希望
我就立刻雙手
獻上我的花環

一束最美的玫瑰

— 獻給亡妻自由女士

好久未帶鮮花
來看妳了，今天花店老闆娘
特別為妳配了一束
二十朵花瓣最美的玫瑰
亦如往常
我將這束象徵妳的美
奉獻在妳塔前

一如往常
我拿出隨身所抄
一首聖經的詩：
「耶和華是我的牧者」
輕聲唸出來為妳禱告
希望妳真的聽到
能在祂的聖殿中安息

禱告完畢

我口唸阿門，將玫瑰
留在花瓶裡，讓它陪伴妳
也祝福妳在天上
永遠安祥喜樂

我是一片雲

我是一片雲
離開雲海的故鄉
四處流浪
風牽著我的手
含淚一同闖蕩天涯

清晨太陽起來
夢裡天堂化作陽光的舞場
我與風，相互擁抱
一起邁開舞步
華爾茲、恰恰舞
各種快舞與慢舞

夜來滿天星斗
全都放射出生命的光芒
在黑暗的天空
佈置了一個更可愛的舞場

我與風，形影不離
一直舞到天亮

我是一片雲
離開了雲海故鄉
獨自到處流浪
只要我倆，牽手的身影
一直留在心中
就永遠不會寂寞

春的腳步

時間和空間
是一對永不分離的戀人
手牽手，不停地
走向未來
它們深信未來不是夢

一對真正戀人
不僅大腦中有愛
生活裡也有美來調劑
他們更深信
愛與美就是未來

今年春的腳步
更是我倆最好的導遊
只要妳牽著我的手向前走
未來幸福不是夢

二○一一年三月三日晨

宇宙的歌聲

夜深人靜
愛恨還在噩夢裡糾纏
那藍色天空
隱約傳來星月的合唱

歌聲優雅、動聽
像天使們展開翅膀在藍天飛翔
有愛的磁性，美的旋律
似在喚醒噩夢裡的地球

啊！醒來吧，地球
拋棄恨的包袱，回到愛的磁場
在美的藍色天空
妳才擁有展翅高飛的自由

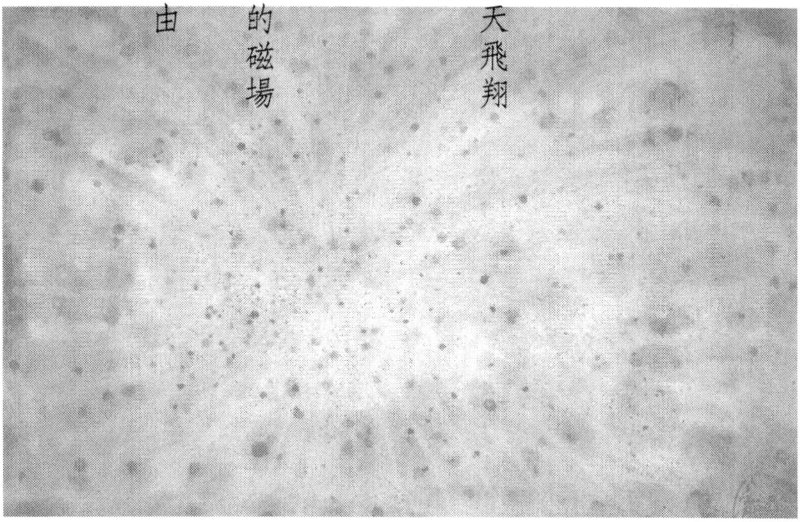

詩人說夢

詩人，常常說夢話
因為他和她，不是書癡就是情癡
他們都有癡人的毛病

仰觀夜空裡月亮和滿天星星
他就夢見嫦娥飛往月宮
編了一個最美的神話故事

低頭看見滿地百花盛開
她就夢見自己的情人
牽著她的手在花海裡漫步

不過，高呼超後現代的口號
有些詩人所作的癡人夢
他不解密，我們就永遠不懂了

丁　潁作品

簡介：丁潁，皖籍。一九二八年生於北中國潁水之濱。世以耕讀傳家，髫齡失恃，養於舅氏，姑表雁序，人以六少稱之而不名。七歲贄禮謁聖，旋讀鄉黨小學。中日戰起，負笈他鄉，嗣卒業於安大。性淡泊，薄名利，任俠仗義，不拘禮俗。來台後從事文化新聞工作，先後曾任記者、編輯及中、大學教職。並創辦「亞太時報」、「中國郵報」等。著有詩集《第五季水仙》、散文集《南窗小扎》、《西窗獨白》、小說集《白色的日記》及丁潁自選集等十餘種。平生事跡曾載入「世界名人錄」等辭書。

虎的獨白

人們說我是獸中之王
就是有這麼個虛銜
很多人假我之名，做些壞事
所謂「狐假虎威」
所謂「為虎作倀」
其實，這都與我無關
但我仍不見容於人間
有人要剝我的皮
挫我的骨
如此，而後快
這些我都不在乎
在高山曠野之中
我依然獨來獨往
雄視八方，傲嘯長空
從不拉幫結派
有人說我孤傲不群
或者說，獨善其身

任由他們去說吧
我就是我，因為
我是虎

碧潭之約

記得也像這麼一個春天
妳我相約在此會面
黑裙、白衫，還有
一頭清湯掛麵
妳如出水芙蓉清純
甜甜的微笑，似春花
一般燦爛
我們泛舟碧波
也曾並肩索橋憑欄
面對青山紅樓，妳低頭細語
溫暖我這異鄉人的心田

如今，我又應約來此
儘管，時光流逝
天干地支一個輪轉
橋還是那個橋
潭還是那個潭

青山紅樓依舊
只是呀！我已兩鬢飛霜
不再是曩昔的慘綠少年
伊人喲！妳是否青春依舊
還是昔日紅顏

我一步一步，尋認舊時
足跡
但，尋不著昔日倩影
一切，都如夢，如煙
唉！如夢，如煙

病了的島

在我們生存的時空裡
在這個仙人青睞的島
一切都病了，而且病得
是那麼那麼的嚴重
病得無是無非
病得黑白不分

島啊！二豎（註）在你體內
敲鑼打鼓，肆無忌憚的
沒有什麼不可以，只要對我有利
公義、廉恥、良知管他的
光怪陸離的病毒
已侵入你的腦際
你的臉扭曲
你的體變形
變得讓人匪夷所思
一些讓人難以置信

不可思議的事都從
你身上爆出，帶著些獸味
唉！美麗的島啊
你已病人膏肓
願上天祝福你

註：二豎即「病魔」，語見左傳。

老　人

西風、殘陽
暮色裡，一個傴僂的
身影，踽踽涼涼
蹣跚的走在黃昏路上
如風中殘燭在搖晃

目茫茫，髮蒼蒼
皺紋織成的臉
寫滿歲月的風霜
一切事物，都不再
使他興趣激昂
人間百態
他都視若平常

看著天邊的雲霞
也不再有當年的綺想
沒有未來，沒有希望

回憶是他惟有的慰安
偶而，一聲嘆息
道盡人生的滄桑

春到人間

樑間燕子銜來訊息
你像貓的腳步
悄悄地走過我窗前
小雨過後，一夜間
園子裡枝椏抽出新綠
啊！我知道你來了

你來了
大地漸漸復甦
沉睡的生命已醒來
小草從泥土裡
伸出頭來張望
蝶兒為你起舞
鳥兒為你歌唱
花兒為你展開笑靨
好一片向榮景象

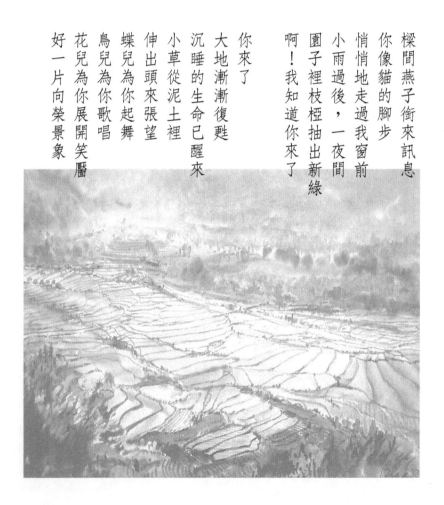

你來了
風溫溫柔柔
吹得人懶懶洋洋
欲睡，欲醉
躺在你懷裡
遂有一個小小的午寐

你是誰
紅男綠女說
你是春

重陽思或人

記不清這是海上
第幾個秋了
自別後，幾度金風玉露
征鴻過盡，佳音渺渺
遍插茱萸，不見伊人的倩影
可記否？菊徑飄香
月夜的漫步
可記否？寫誓願
於燃燒的楓紅上
更難忘，你一顰一笑
那回眸的嫣然
於今，又是重九
沒有你的日子
生命是一片空白
陶潛有他將蕪的田園
嚴子陵有他的釣台
李白有他的詩

而我一無所有
只剩下西風黃花
以及，一束濃濃地思念

流浪的魚

在時間的大海裡
我是一尾流浪的魚
四海為家，隨遇而安
倒也自由自在
有人說你應去躍龍門
那樣會身價百倍

穿過時空的隧道
從塵封的書頁裡
我看見韓荊州那種架勢
可敬的詩仙，亦復可憫
我非李白，何須要
那階前三尺之地
放眼四海，大多是
營營苟苟
到處鑽營，以求進身

而我在紅塵萬里
在風浪之間
流光匆匆而逝
我寧願做一尾流浪的魚

一朵遲開的荼靡
——為L‧R生日而寫

妳是一首短短的小詩
卻有著千種情意
妳是一幅淡淡的水彩畫
卻有著無限的遐思
妳是一朵遲開的荼靡
而綻放生命的光輝
雖然春將盡，妳依然開在我心裡
依然那樣嬌艷嫵媚
一閤眼就見妳婆娑的倩影
以及，那淺淺的笑意
妳的舞步蹁躚
妳的歌聲繞樑而甜美

我本心如秋月
情如止水
自從妳開在我愛的小園
人生的旅途又有了一抹綠意

我將用我的熱血灌溉妳
用靈魂緊緊擁抱妳
別說人生苦短，夕陽斜照
更顯淒美
因妳是一朵遲開永不凋的荼靡

風景畫

色彩與線條
深淺與濃淡
構成一幅人生的風景畫
從萬里冰封
千里雪飄的北國
到煙雨迷濛
鶯飛草長的江南
從荒煙大漠
到藍天碧海

有萬花競芳的春
有滿目蒼綠的夏
有漫山楓紅的秋
有白雪皚皚冰雕玉砌的冬
這片風景，這一幅人生風景畫
多嬌、多美

而我們只是旅人，匆匆走過
從未駐足欣賞，從未細心留意
一瞬間，風景離我們遠去
或者，我們遠離了風景

初　夏

風不知從哪兒來
也不知往哪兒去
只是給人一種感覺
一種溫溫暖暖的感覺
穀雨過後（註）
高粱剛播下種子
而小麥就揚花了

柳絮滿天飛舞
青梅還是那麼小
池塘裡蛙樂隊
金鼓齊鳴
奏起時序的進行曲
熱熱鬧鬧地，迎接
夏的來臨

註：穀雨後十五日立夏。

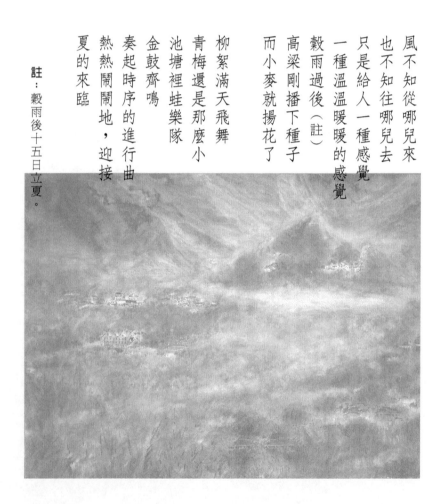

徐世澤作品

簡介：徐世澤，江蘇東台（興化）人，一九二九年生。國防醫學院學士，公共衛生學碩士。曾赴美、澳、紐等國考察研究，十四度代表出席世界詩人大會，足跡遍佈六十四國。曾任醫院主任、秘書、副院長、院長、雜誌總編輯等。作品散見各報章雜誌，並列入世界詩人選集。已出版《詩的五重奏》、《擁抱地球》、《健遊詠懷》、《並蒂詩風》等詩集十本。曾獲教育部詩教獎，現任《乾坤》詩刊副社長。

後花園的琴師

家住天母
擁有陽明山後花園
夏秋之交，開車上山
路經深谷茂密森林
遊人如情郎悄悄窺視
傾聽紡織娘的金音

當她彈奏時
總以淡綠色的前翅，和
薄紗似的後翅一起振動
磨擦出唧唧吱吱沙沙
初聲高雅，尾音幽揚
像伊梭呀伊梭的機杼聲
相互交織，昂揚鏗鏘

而夏蟬因風叫得響亮
約同紡織娘琴師伴奏

一起大合唱
帶來了涼爽
更加動聽，令人激賞
閒居在家，臨窗北望
耳邊就響起
她們那優雅的韻律
心裡更加多一份舒暢

人體素描

鮮艷霓裳
白嫩靈巧的手臂，輕輕揮灑
飄盪著如絲的柔髮
皎潔的臉蛋兒
微露紅唇、皓齒
扭動兩座雪峰、柳腰
全身呈現最驚豔的玲瓏

妳亮如星芒的眼眸
含情脈脈，飄移誘惑
向我飛來，美似彩霞微笑
淺若玉杯酒窩
漫溢著甜美春汛

我想吻妳玉杯
欣賞妳星芒和彩霞
傾聽妳從明眸皓齒發出

甜美的音籟
挽妳手臂、摟妳柳腰
攀登雪峰
在藍空瀑布的月夜
瀟灑走一回

老窖與高粱對飲

瀘州老窖飄洋過海，來台
與金門高粱相配
它們相聚，快樂對話
無限歡欣
溫暖了醉翁的胸膛
比在寒冷的地窖裡溫馨
予人狂喜的紅顏

我十分欣羨
也盡情暢飲兩杯，卻醉了
半夜，胸膛欲裂
嘔吐出一肚子鬱悶
搖搖擺擺站立不穩

妻子看我一臉蒼白
連忙將我送醫
輸入一千西西血液才活過來

至此，酒與我絕緣

我還是羨慕
陶潛每飲必醉
醉了便吟歸去來兮
李白一飲三百杯
醉入水中去捉月

懷藥樓詩宗

── 念張孟機教授

藥樓像一座智慧的寶藏
有名師、名畫、名曲
吸引我二〇〇四年到此挖寶
翻閱、學習、觀賞、聆聽
坐在輪椅上的藥樓詩宗
以熱情撥響我的心弦
使我獲得詩學寶典

二〇一〇年端午前夕
藥樓詩宗微弱得令我辛酸
他將焦慮寫在臉上
身體有了不堪折磨的病象

未想到就在
同年八月十二日，文曲星沉
他駕仙鶴翩然飛逝──

靈堂肅穆，白菊含淚
使我想起藥樓詩宗昔日容光
再次聆聽周璇歌聲，名詩吟誦
瞻仰遺容，不禁熱淚盈眶

此後，每恭讀《夢機詩選》
翻閱《藥樓近詩》
無盡詩意如恆星閃爍
獨創的佳句，始終迴盪
如今，一代詩仙升空
我只有淌淚追思、懷想……

上蒼眷顧

— 給智能不足兒

發育遲緩的孩童
大頭小腦，面目舒張
顯得天真幼稚
幸好，他有位慈詳的母親
緊緊地挽著他

這個孩童，隨時都在
注視他的母親
寸步不離；不亂跑，不欺妄
回答母親的話
只有短短幾個字
卻表達得體，中規中矩

從前放射科工作人員
因受X光輻射超量
會生出低能兒
表兄妹結婚，也有此現象

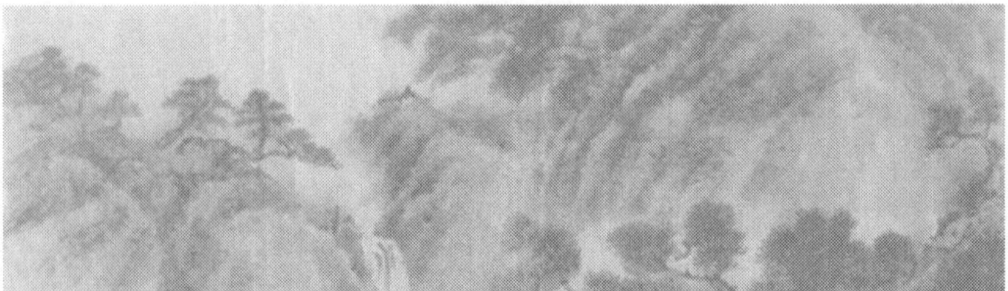

目前都可事先預防

低能兒也能學會照顧自己
成天依偎在母親身旁
得到更多母愛的呵護
算是上蒼給了他的彌補

夢　境

夢裡的建築，彷彿生平住過
所見的人，各個熟識
只是四目相視，不能對話
可看到書報、字條
我陷入回憶的深淵——

夢裡飢腸轆轆，尋找餐飲
途中，有人輕聲細語提醒我
某主任對我寫的文章有意見
我心深處有個聲音：誰說？

一到餐廳，果然見到
政工主任怒氣沖沖
坐在餐桌吃麵
他的情緒，全都寫在臉上
兩眼盯著我，無語卻有言

病房中的母愛

冰凍的恐懼，不悅的表情
在孩子臉上
母親悉心照護，盡其所能
用毛巾輕撫著他的太陽穴

他的病痛，母親的手無法觸摸
更加在他體內七上八下
慌張無助，深深領悟愛的痛苦
護士常看到她暗自流淚

孩子在黑暗中
他那柔弱的手和腳
得到母親指間流出的撫慰
帶著如天使的臉蛋兒
甜甜入睡

無法投遞

── 他已猝死

字跡清晰，滿紙鏗鏘
人生大道理
看不出他有任何病象

蔣兄寄來長篇大論
他像一位革命軍人
為詩革新闖發奇想
要和我切磋
我是一個魯鈍的人
想在電話裡弄清楚
他人已遷居天堂

天堂，沒有電話沒有地址
也無 E-Mail
我的意見無法傳達

據說，他因心肌梗塞
更令我為好人不長壽
吟詩長嘆

臨停站

— 加護病房

銀灰色管制門緊閉
病床推出一個人，三天後
板車拉出來，好孤單
似乎很輕鬆，獲得喘息

家屬落淚兩三滴
緊跟著走了幾步
回頭，舒了一口氣
遠望太平間，燈亮了
又滅

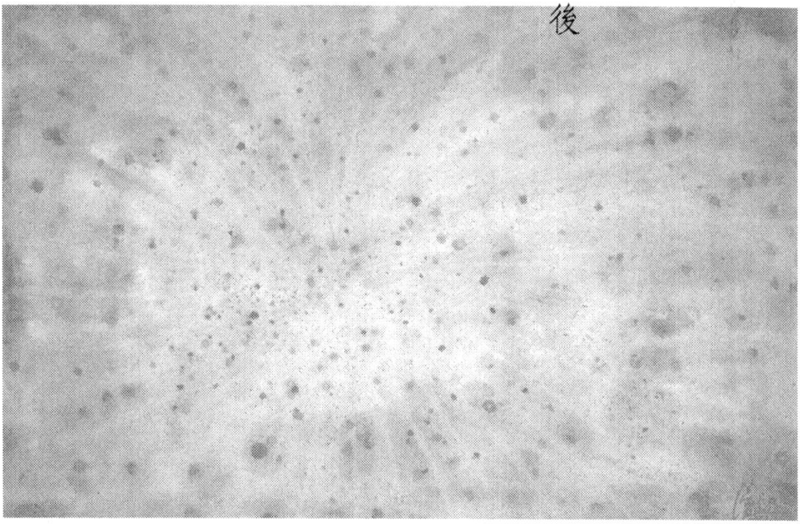

鳥語花香的春天

春雷隆隆
動魄的紫光隨閃電而來
轟破殘冬
飛濺大地，一片燦亮

春雨綿綿
灑出遍地嫩綠
染亮滿山遍野，潑墨蔥蘢
如一幅大千山水

風光明媚，鼓浪綠柳
小鳥在林間歌唱
譜成一曲令人陶醉的樂章
在大自然的樂壇公開演奏

競放的百花
將大地裝扮成一隻大花籃

邀來粉蝶翩翩
蜜蜂也在花朵上吟誦詩篇
踏青的人們飄飄如神仙

曲終人未散

窗外，一片昏暗
窗內，一盞慘淡燈光
一個病人身上到處插管
夜深，家屬圍繞在床畔
各個熱淚盈眶
病人只有依賴機器呼吸
醫生正待宣布死亡
家屬默然祈禱
夜色，蒼茫

初吻

妳的明眸，閃爍光芒
帶著浪漫的波光，向我瞻望
使我冷靜的心房
掀起夢幻的緊張

妳身上散發的清香
猶如巧克力的甜味
尤其嬌喉有悅耳的音節迴盪
以及紅唇皓齒，令我抓狂

當彼此戀慕，一觸即發
讓我感受到通體舒暢
可離開時，總依依不捨
只有親吻的瞬間
才是地久天長

張大叔

張大叔，在睡夢中辭世
臉色悠然慈祥
説明往生者沒留下任何遺憾

翌日，抬頭仰望天空
湛藍得令人興奮
尤其那朵點綴著的白雲
使我在想
大叔正凌空飄盪的心靈

李阿姨在電話中說：
她看到他被推進冰櫃
那一刻只落得一個小小的
容身的空間
不禁暗自熱淚盈眶

一週後，舉行告別式
遺體火化成灰
渺如一縷輕煙
帶著魂魄飄向極樂世界

金　筑作品

簡介：金筑，本名謝炯，貴州貴陽人，一九二九年生，台灣師範大學畢業。曾任軍職、教職多年。早年加盟紀弦先生的「現代派」，曾任《黔靈報導》執行編輯，《葡萄園》詩刊主編，新詩學會理事，中國詩歌藝術學會秘書長。現任《葡萄園》詩刊社長，《貴州文獻》主筆。篤信基督，擅長新詩朗誦，舊詩吟唱及聲樂。曾獲文藝獎章、詩運獎及詩歌藝術創作獎。著有詩集《金筑詩抄》、《金筑短詩選》（中英對照）、《飛絮風華》、《擊掌》等。

素　描

你提筆一揮
把我勾勒成風景
任你將
粗粗的大眉
橫槓成一座沉鬱的山
展現蒼涼的歲月
粒粒的老人斑
還魂為點點青春痘
再經你摹擬修飾
終竟幻化為
一枚待墜的夕陽

泛黃的影像

昏澹的薄暮　你悄悄走來
那泛黃的印象
感光於二十世紀
二十一世紀被沖洗出來
虹　網住七彩夢

當年　捕捉青春的鏡頭
是暖色的笑　放飛一線線嫣紅
姿勢竟溶入紫光霞蔚
是恆久彫綠的特寫
咬住光陰的分分秒秒

而今　在我人生發黃的歲月
可能離焦距太遠　影像錯疊
遠遠　我依靠沉沉的老山
終竟被調入暮靄　夕暉　落日
向生命的閃光淡出

烘焙一首詩

總是在一定的時刻等待
以詩的款擺
悠盪出熱量
盼望　烘焙妳需要的溫度
妳總是姍姍來遲

當我渴待得狼煙裊裊
妳翩然而臨
微笑降低火氣
暖彩拔昇溫層

似乎妳未經光陰掃描過的容顏
飛躍入春光秀苑
我熟稔的透視妳的臉龐
也步入不衰的歲月
舞弄花影

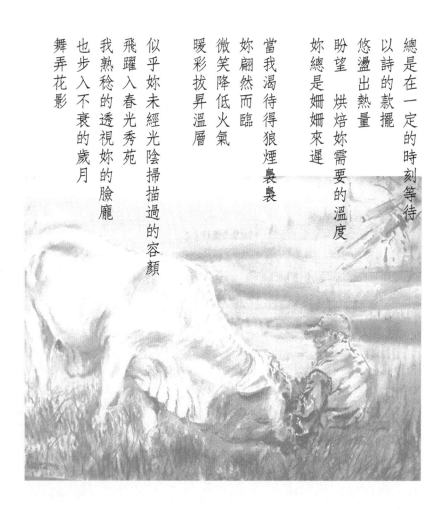

妳將愛情的烽火昇燄
灼燒至詩的體溫
夜夜烘烤
我們渴想要的火候
或更高的昇華

戰　場

所有的繁華
等待廢墟
一粒一粒的頭顱
咧開嘴在笑
遠遠的　近近的
板機掌握手相
從槍管仔細窺視
遍野都在開花
許多夢
找不到回家的路

李後主

今夜
他重回上林苑
春花早謝
往事沒有了
江水
洄流到昨夜的小樓
朱顏風化失影
東風在笑
一切順勢
夢已風乾

一方漂流木

命乎？
起始　就淪入吉普賽人的命脈
春秋被蹉跎在
波尖　浪頭　獨自漂浮　行吟

前瞻不到盡頭
捕捉不到命運的走向
水流濤聲中　跋涉千山萬水
翻覆滾滾　浩浩　蕩蕩

狂潮飛騰的歲月
載浮　載沉　顛躓　滅頂
風飄雪雨的歷程
逐流無終的冥想

有幸　盪漾春江花月夜
落英繽紛　澗綠環伺

歌韻瀟灑　醉入惱人東風
頗有些許風流倜儻

曲曲折折的水域　韶光痕印斑斑
歸一　停泊淡水河畔
影形蒼焦矣　殘顏破碎　曰無用
有人說　是大用？

省　思

每天　滿杯苦酒
品嚐　世代的頹廢
在　傳播媒體
明哄暗騙下
明知都是詭譎　是是非非
卻甘願任其
役使　留連　踟躕
被那些
藍藍綠綠的　爾虞我詐
長長扁扁的聒噪
把自己弄得
方不方　圓不圓
奇形怪狀　扭曲了心腸
真的　自己
慘遭失落了
泥濘的形象
所以　要

瘖啞那些傳媒
心冷凍　執著
返璞歸真
找回忘失的自己
才能回歸
繁放　久違的
花苑

飛翔麗空的三月

── 賀三月詩會二十春

飛翔的三月
舞蹈青春的旋律
啓動和諧的節奏
怒放荳蔻芳菲的儀態
開創──

《三月情懷》　捶鍊靈思的狂飆
抒放軒昂的思緒　重現青色亮麗的圖騰
《三月交響》　集眾家詩音而嘹亮
洋洋盈耳　獨現詩壇風騷的唱和
《三月風華》　抓回生命綻開的扉頁
重組春秋日月　營造翠碧青青的詩境
《千禧三月》　筆花朵朵的求願
苦練雕龍　刻劃深淺不一的春天
《三月十年》　以繩記事的結點
完美且更新　擁有愛與祝福的華年
《彩霞滿天》　五顏六色鋪成的夢景

燦爛了藍天　散播千姿萬彩多元的吐燄
飛翔的三月
小白鴿的年齡　正當其時
舒敞凌雲的翅翼
飛翔　飛翔
神遊八荒　逶迤極地
向長空麗日　向無終的杳遠

邂　逅

如今　我們各有各的方向
你在天之涯　我在海之角
我們曾在碼頭　在水港
在候機室　在捷運車站
錯綜複雜的心境
化為雲　化為煙　化為塵
向點　線　面擴散
卻被牽繫在一次的偶然
因時間催逼　腳步的急促
將情牽的絲系奔斷
你奔向無涯　追逐無垠　向渺遠
我航向未知　更加茫茫無邊
靠回憶　緬懷你的一顰　一嫣然
記憶中　緊緊抓住那美麗的遺忘
低低呼喚　呼喚那不知的名字
回應聲聲空茫
只有悲吟　「人生不相見　動如參與商」

今夜　無月無風
又不知今夕復何夕　又沒有燈光燭光
冥冥中從遙遠播散開來
虛盪盪的頻率
風　錯愕的返覆
我仰視長空
織女星熒熒的閃爍
導引我進入美情迷思的淒愴

後記：一次偶然的相遇，嫣然未語，剎那匆匆而別，匿入人海，卻印象縈繞，久久不已。

口

什麼也不想說了
病從口入
禍從口出
真的　有點饞
怕超標
怕壓沉
就
歌一曲〈涼州詞〉吧
呵呵　擁吻
夜光杯
醉臥沙場
滴滴醉
請君莫笑

耳

天天傾聽
自己的心跳
以及
那些　心靈寂寥者的
苦楚
那些　藍綠紛擾者的
聒噪
那些　恐龍法官的
黑黑的……舛繆
那些……
只是
千急　不能　不能
重聽

鼻

一座聳峙的玉塔
穆穆直立面顏之央
護持著獨一的尊嚴
孔竅交流處
吐納宇宙生命的頻頻係數
小心　小心
隆隆的　流行
傷風

河　燈

童年，到了夏夜，寂靜的山城，平靜的南明河畔，有放河燈的活動。熱心的鄉人，用篩子捧著紅、藍、綠、黃、紫等色彩的河燈，從上流施放，波光粼粼，冉冉蕩蕩順流而下。

漆黑的野地，無星無月，也無其他亮光，這些小河燈漂浮水面，美姿千采，活潑亮麗。據說，這些紙河燈，要去照明一些失意的靈魂，指引一條明路，讓他們在幽暗的境遇中，也熒熒閃閃。

從上流徐徐漂然而來，像眾多少女的眼睛在河面上眨呀眨呀，河面點亮著希望，美麗的嚮往。

這樣眾多的燈盞，靜影浮光，遍滿河面，水流耀金似的歡笑起來。一次，我用眼光拴住其中一盞，認定的一盞，緩緩在群燈中同步湧流，在眾燈中閃耀，波光情韻，無聲勝有聲的低吟誦詠，輕盈的笑靨傳遞愛的吸引。

我低聲問：「你叫什麼名字？」我想她會像人們一樣，有個名字作標記的，除了閃爍燦亮之外，她沒有標記，只以頻頻笑答。

我以眼索，光圈緊緊繫著，追蹤，怕一旦失繫，就難以尋覓芳蹤。緊緊盯著那一盞，她在眾燈中出類拔萃。

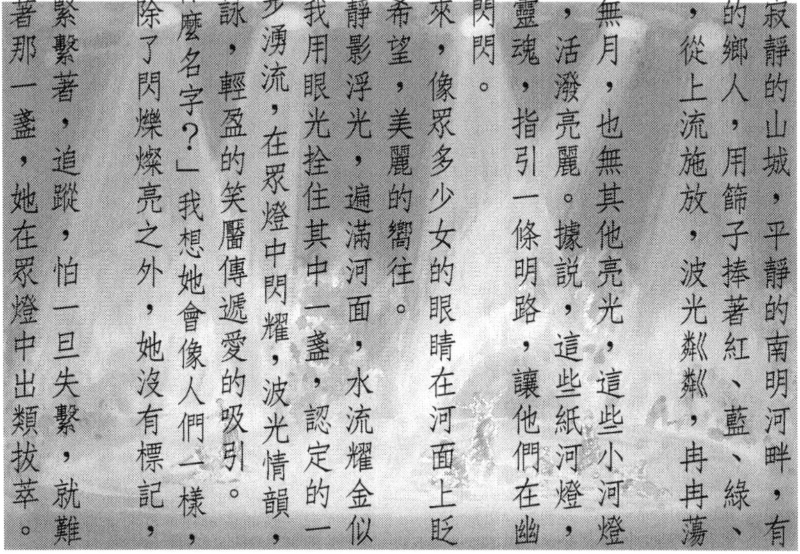

燈盞在水面閃爍，是一個歡樂的族群，一個行動的部落，倒映溪水上，錯落有致，彼此攙扶提攜，向一個未知的地方？那是夢之鄉吧！結局如何？不必問，只願掌握住現實的方向，燦亮輝煌就夠了。

我的眼光拴牢盯緊，怕眼線中斷，找不到我認養的那盞，我的心愛。

漂呀！蕩呀！波誦、風吟、低語，以耀耀的彩光歌唱，是朦朧的、無息的，我們卻牽索住靈犀一點。

那一盞，笑意可掬，綻放滿足華采，依依航向遠方，離我漸行漸遠。我眼光套牢頻頻，她的回眸牽繫深深。

遠了，帶去我的祝福、喜悅、寂寞傷感，盪漾到天涯。渲染隱匿入群芳，融入一片燈輝的燦亮；突然，視線紊亂了，只見一片燈海漾漾遠去，光點顫顫，遍尋不見她。眼前似乎昏暗，我悵惘、失緒、空茫……

數十年往矣！

去年，仲夏夜，也是漆黑的野地，仰首翹望，一盞燈，款款獨自從銀河流倘而來。哇！可不是故鄉南明河畔流失的那一盞？那一盞燈……

皇皇彩影，羽化：一顆長明的星。

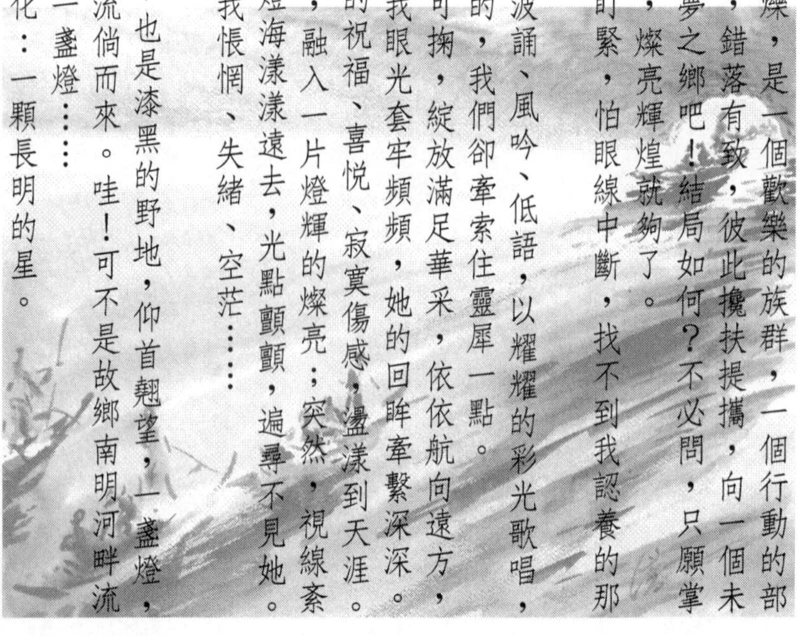

潘　皓作品

簡介：潘皓，筆名野農，一九二九年生，安徽省鳳陽縣人，國立師範大學教育學士、碩士，美國世界藝術文化學院文學博士。從事教學及社會工作之研究近四十年，曾任中國文化大學、東吳大學講師、副教授及教授等職。現任朝陽科技大學董事，南亞科技學院及開封大學客座教授。著有文學作品《哲思風月》及《天涯共此時》等九本，以及學術論著《社會安全》等十餘冊。

異　類

蓄一臉
瀑布般的大鬍子
滾滾若江流
自雪融的懸崖沛然而下
聽天之外
——風蕭蕭兮
——雨蕭蕭兮
不知從何時起
歸屬於現代派異類
終使其孤獨
而沉醉於迷思裡
偶爾雖也曾帶著微笑看人
但他卻忘不掉
怎樣摘下秋江上的
那朵雲

孤獨是他的最愛
迷思乃為其
索取靈感一口深沉的井
惟孤獨加迷思之和
始能凌空以泰山之禪定曠觀天下
而擁抱著飛揚的
神采　昂昂然以馳騁

當歌詠之不足
則必繼之
以手之舞之足之蹈之
至與罷獨立蒼茫
竟幻為海岸風景線上
一顆樹靜靜地
在那兒看潮起潮落
——早也滔滔
——晚也滔滔

那朵雲

一個浪蕩之子
曾是錢塘江上的山水畫家
其風流倜儻
唐寅亦瞠乎其後

所以他常常
藉著藍空的大草原揮灑出
一卷卷的
纏綿沒骨潑墨

有時忌妒李白
邀月對飲
乃飄起翅膀把太湖那罐佳釀
層層覆蓋著
相對化解南唐後主
故國鄉思

可是它的情感
最為脆弱
每當那汪濕透了的鬱悶
被煮到沸點
則立刻哭成江河

泥土，一個偉大的博愛者

亙古以來一直存在著
物化的傾向已嚴重撕破了
心靈世界的寧靜
然而只有您這個活佛陀
是惟一以仁與予普渡眾生的博愛者
所以您能以無我成為
宇宙生命的本體，一個最最
偉大的母親之母親

不知何處是起點
您生於雲夢
經由氣體、液體到固體
形成的過程中
塑造一個無極塵寰而無所
不在，就連那遙不可及的天之邊陲
或沒有一滴甘泉
駝鈴搖響的碎金沙漠

於是您一手擎起
天下的群山
一手托著江海河漢
終年默默地徜徉於滾滾紅塵外
守候著日出日落
把愛潑灑在大地之上
讓所有生命的手臂都在為
江上彩虹揮舞

儘管偶爾會有人
對您投以無情的冷眼
乃至於唾棄
但他卻無法離開您
不食人間煙火
寄身於那超自然的虛無世界
只有您才是
人類真正的搖籃

但有時爆發的山洪
將您從風雨中拋向大海
您卻毫無怨尤的
自水底的最低層逐步
以填土累積的方程式不斷向上昇高
然後乃輕輕地撥開水面
露出頭角，終於完成了一項
偉大的填海工程

這不是天方夜譚
而是一種潛在的自然力量
與不爭的無為哲學
所雕琢的最高境界，而且更以
消極取勝之術用來轉變人們對您的漠視
所以我曾為您吹噓過
就連老子那套以柔剋剛的自然論
還是向您學習的呢

當人類歷史的軌跡
從洪荒時代揭開了序幕
自您的身上碾過
帶來了多樣化的色彩
不知有多少民族英雄為您所孕育
多少暴戾獨夫
在您的面前一個個
相繼的倒下

啊泥土，我要喊著您的名字
向您致以最高的敬意
更要為您而歌，為您而寫
為您明天的完美創作而期待祈禱
繼續貢獻出您的一切吧
好讓全人類的生活得到均足
宇宙的生命能夠繼起
延續，直到永遠、永遠……

柳　絮

與銀沙比白
與棉蕊比柔
與雪花比純比輕
與月色比淡比濃

飄而
蕩之

揉碎了翠堤
朦朧的藻飾
且以絲絲的手將那一小朵一小朵
若曲譜的光之芒
潑灑在陽光下閃爍而
羽化為
流星雨

俄爾有風拂起
但見，啊
那一小朵一小朵
浮動的波光
忽的飛入秀苑畫廊咖啡座
飛入騷壇——
「三月詩會」的
詩聲裡
比白更
要比柔
以一種跳躍的
鏗鏘詩句
而把她那輕盈嚼成了

浪漫的情懷

後記：「三月詩會」是詩友們雅聚之約的組合，並訂於每月第一個週末下午二時，集會於台北市秀苑畫廊咖啡座品茗論詩。而本月的詩主題為〈柳〉，於是乃成斯作。

孤　城

當拍岸的濤聲切割岩石
風鳥自潑毒的月光下之水湄
急著尋找失落的明天
淒愴的夜帶著積怨與無奈深沉的痛
穿過海上層巒疊嶂
打撈著那死於黑潮的冤魂

之後，撲向一個垂在
茫茫蒼宇半空的風鼓殘骸
聞一聞腰間的腐臭
卻把他結疤的傷口當作瑰寶珍藏
此刻月已偏左，忽聽到
橫掃荒原的那匹狼仍在嚎啕

雖然我懶於知道這其間
藏滿病菌和揮不去可怕的陰影
但那迷失定向的煎熬

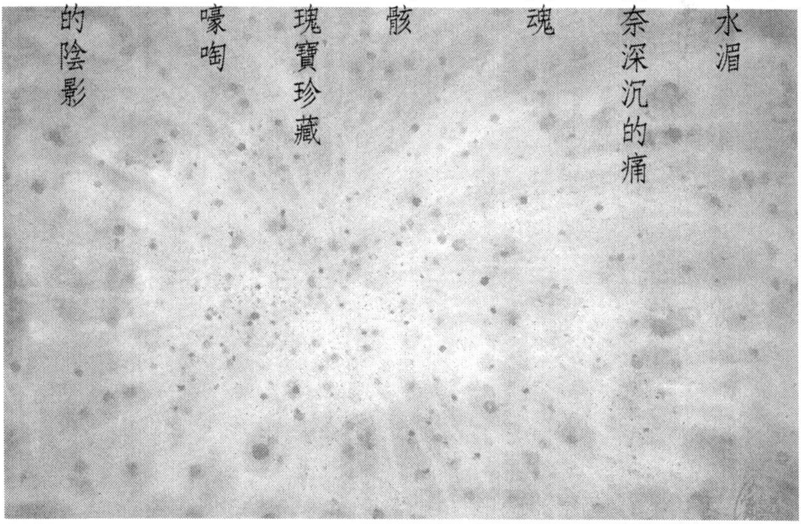

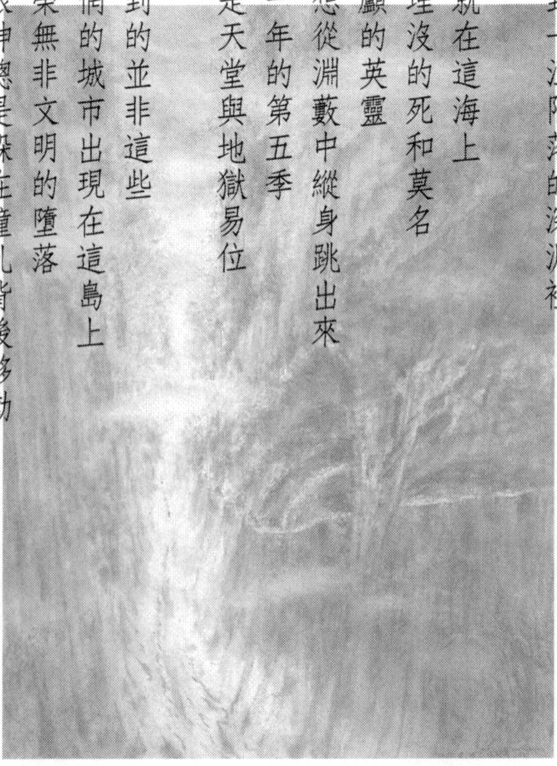

猶如暴日在火刑一朵芻菊，燻黑了
一抹僅存的暮靄，旋即
便迴流到一汪陷落的深淵裡

然而，就在這海上
那沒被埋沒的死和莫名
失去頭顱的英靈
他們總想從淵藪中縱身跳出來
這除非一年的第五季
要不就是天堂與地獄易位

可我看到的並非這些
而是迷惘的城市出現在這島上
所謂繁榮無非文明的墮落
貪婪的眼神總是躲在瞳孔背後移動
於是這蔚藍的港灣
遂被濛濛的霪雨季封鎖

在人文精神被踐踏
讀書人的風骨被典當一空
真理被黑金怪獸綁架
甚至連僅剩的最後一滴黃昏
竟也被日全蝕覆蓋
誰能自暗室燃亮一盞燈

他是誰？並不重要
福爾摩莎雖一直以夜色洗臉
他還能創造出很多奇蹟
難道就這樣讓一個變態社會藉用
民粹主義的妄誕
淹沒這島的所有黎明

這一切非全屬於個人的
不管他是雲、是鳥，還是一條

找不到出口的河流
或一具能站起來走的殭屍
無不在期盼著，想用
黃河的水洗滌他所受的屈辱

歷史最黑的一夜
是在這陰影的盡頭有人暗自
告別那根剪不斷的臍帶
逃亡的天空飄著玫瑰花瓣的璀璨
編織那沒有外沿的
護城河所築的環抱渠道

只有世紀末的熹微，為了
迎接千禧年射出的第一道曙光
證明九二一震災後這裡
仍有一種愛自內在的張力下沸騰著
而南窗外點火的紅梅
不就是春醒的一種寫照嗎？

哲思風月

烽火中國的殘燼
依然未歸檔
一個被放逐天之外的青年
卻幻為雲夢間
啜拾夕陽的一孤鳥

如今心中飄雪
在飽嚐了——
物質文明的墮落
科技的壟斷
以及福爾摩莎富裕的貧乏
眼看這島之國
從濁浪翻騰的海上
爛成了一灘
貪婪的物化世界
於是，我這隻

孤寂的鳥
面對太多唏噓與無奈
何不化作白雲
飛向藍天的大草原
以哲思去咀嚼那抹帶有些
甜美與苦澀
渾然的風月情懷

麥　穗作品

簡介：麥穗，本名楊華康，浙江省餘姚人，一九三〇年生。從事森林工作三十餘年。現任中國詩歌藝術學會副理事長、中華民國新詩學會常務理事、三月詩會同仁。曾任《勞工世界》、《林友》月刊主編。曾獲頒中興文藝獎章、文協詩歌創作獎章、詩歌藝術創作及貢獻獎，以及詩運、詩教獎等。著有詩集《追夢》、《歌我泰雅》等九本，散文集《滿山芬芳》、《十里洋場大世界》等三種，論評史料集《詩空的雲煙》等。

五官小唱

耳

當然喜歡悅耳的聲音
也不會拒絕惡言向相
你不掩它它概括承受

目

兩面黑白分明的明鏡
在一開一闔之間
洞徹人間百態

口

嚐盡甜酸苦辣
於是它能舌燦蓮花
也可能吐不出象牙

鼻

它輕輕地一息
少不了有人仰仗
雖然它最討厭逐臭

心

其實是被先人們誤導了
除了一腔鮮紅的熱血
它並不會變黑生邪

二〇一一年七月十七日　於烏來山居
二〇一一年十二月　創世紀一六九期

霉乾菜燒肉

在醫生的叮嚀和
媽媽的味道交戰下
結果
還是狠下心
把醫生的話塞進
藥袋裡

鹹篤篤的霉乾菜
肥滋滋的三層肉
香噴噴的老酒
加上母親的手汗
稻草的煙香
攪合成一大碗久違的
家鄉美味

飽餐後
終於還是要打開藥袋

請出醫生的話
和著開水
去壓住那蠢蠢欲動的
血管危機

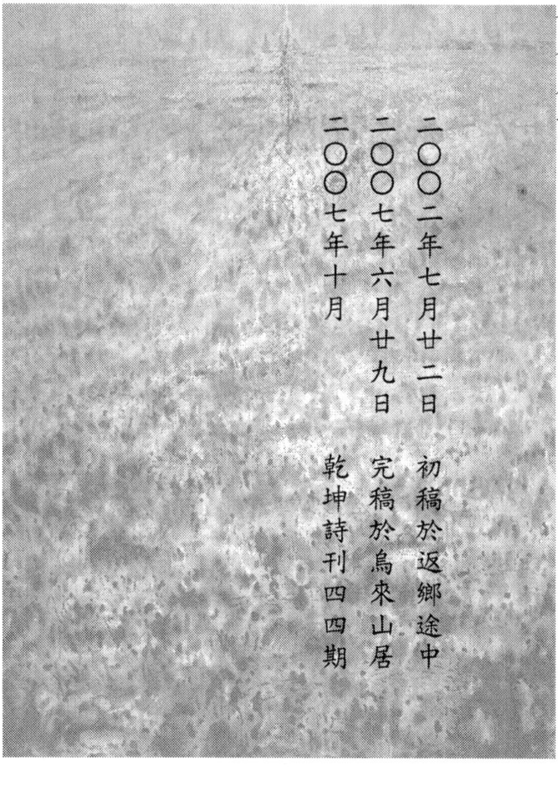

二〇〇二年七月廿二日　初稿於返鄉途中
二〇〇七年六月廿九日　完稿於烏來山居
二〇〇七年十月　乾坤詩刊四四期

清明上河圖復活了

— 參觀上海世博中國館記

從台北外雙溪
走到上海浦東
故宮博物院的鎮院之寶
走成世博會熱門的焦點

定格在絹本上數百年的汴京
居然在二〇一〇年的十里洋場復活
復活在紅色斗冠狀的中國館裡
復活在成千上萬中外來賓眼前

轎子　駝隊　騾車及牛馬
穿梭在河南開封東角子門內外
販夫走卒　紳士官吏
忙碌在酒樓茶肆大街小巷中

一條大船緩緩地在汴河中駛入
引起碼頭上人群一陣騷動

把驚訝入神的我們不知不覺中
溶入了這片古老的繁盛中

誰說時光不會倒流
誰說歷史不會重現
科技就有這份能耐
如果北宋翰林張擇端在世
也會驚嘆這幕出神入化的演出

二〇一〇年七月十八日　於烏來山居
二〇一二年四月　新文壇廿七期

醉紅小酌 三唱

醉

有人醉了
醉不在酒
有人愛飲
愛不在醉

酒不是醉的唯一
醉也不是酒的唯一
你醉了嗎
是醉翁？還是酒仙

紅

有人捨命求名
求到了還想竄紅
你沒見過豬肥了嗎
其下場　哎！
紅紅紅紅……

小酌

同好雅聚
小詩一卷　醇酒一杯
放歌　小酌
人生如此
夫復何求

嚯嗒啦（乾杯）
請不要過量
小酌怡情
狂飲傷身
小心血壓　狂飆

小記：「醉紅小酌」在台北市羅斯福路，鄰近台電大樓，文藝協會的斜對面。三月詩會每月一次的雅聚，二○○二年自固定集會的衡陽路「秀苑」歇業後，遷移至羅斯福路文藝協會。中午餐聚小酌，也由英雄館改在「醉紅小酌」了。

二○○八年一月七日　烏來山居
二○○八年三月六日　世界詩壇

故鄉・他鄉

故鄉
是母親的乳房
它賜我以生命
親情和營養
曾經一刻都不能離開
但
終究難免斷奶的痛苦
不由自主地向它說聲
再見

他鄉
是另一個女人的胸膛
它纏住了遊子的腿
扣住了浪子的心
給他一個溫暖的巢
從此又一刻都不能離開
但

此時已沒有斷奶的痛苦
只有懷念母親香甜的
乳汁

老一輩的
他鄉
卻是孩子們的
故鄉

二〇〇九年十二月廿八日　晚於烏來山居
二〇一二年一月　大海洋詩、雜誌八四期

三月如詩

— 寫在三月詩會二十周年

三月
春雨如詩
霏霏在台北上空
三月
友情如春
溫馨在國圖一隅

一群唯恐老之將至
詩心未泯的吟者
不甘寂寞
擁一片詩韻酒香
自中山南路攜手起步
吟唱著走向熙攘人間

這一走走過了漫漫二十年
雖然走失了好幾位伙伴
也迎來一群愛詩人

今天我們近二十枝健筆
繼續手攜著手
大踏步地向前邁進

二〇一二年三月五日完稿於烏來山居
二〇一二年四月 秋水詩刊一五三期

野生動物兩題

帝雉

披一身錦羽
昂首
森林王國
步帝王之姿於
雲霧之巔

頂著禽中之王的
冠冕
卻難逃
有形無形的殺手
在你疆域中遍佈的
陷阱

目送你一步步
走向博物館中

去找恐龍作伴
我們只能
在後代子孫的教課書中
製造些美麗的
追憶？

雲豹

飄浮在天空的
名字
既俊又帥
是美麗的島上最美麗的
動物

牠是山林裡靈物中的
靈物
勇猛的魯凱族開基祖
如疾風般的飄逸身影

在山岩雲霧中
來去

山多深
牠就隱藏得多深
樹多高
牠就攀爬得多高
夠神吧

獵人已百多年
沒有與牠打過照面
魯凱人也只有在祭典中
祈福懷念
真箇是神秘得
只聞其名而不見其影的
珍獸

二〇〇九年十一月十一日　於烏來山居
二〇一〇年二月　文訊二九二期

美食小唱 二首

東坡肉

大塊文章
既吸睛又解饞
在火候足時他自美中
卻不忍下箸
怕胖

麻婆豆腐

大堆點子
既白嫩又紅潤
色香誘人吊足胃口
雖價廉物美勝山珍
也不敢下箸
怕辣

二〇一一年七月十二日　修正定稿於烏來山居
二〇一一年九月　海星創刊號
二〇一一年七月十四日　世界詩壇二〇〇期

謝輝煌作品

簡介：謝輝煌，江西省安福縣人。農曆民國廿年十二月廿三日生。十七歲初中畢業後不久，即隨軍入臺。曾任軍中報務員、台長、分隊長、參謀；民間工商團體編輯、編審和專員；文藝界詩刊同仁、文藝團體理事等。現為中國文藝協會、中華民國新詩學會等會員、三月詩會同仁。學習寫作一甲子，以散（雜）文、評論及新詩居多。作品散見台灣（含金門）、香港、大陸及新加坡等地報刊。總產量約有百萬字和千首詩（含未發表者）。惟已結集出版的，則僅有散文集《飛躍的晌午》一種。

松針和秒針

一秒鐘
兩秒鐘
三秒鐘
四秒鐘　海嘯向天湧
下一秒
手腳顫抖的松針和秒針
都說
不知道

二〇一一年五月十四日作

湖上觀魚

一朵桃花
陰謀又旋風地降落湖上
荳蔻色的粉臉一露
映月橋下
翠柳堤邊
亮起一堆浪人的笑靨
魚鰭如逐鹿的軍旗
忙成了
零下三度搶福袋的神風隊

二〇一一年四月廿一日作

黃金分割

誰說　我沒有資格講黃金分割
我是專搞攝影的呀
每次執行空照任務時
向下一瞧
我們分割到的實在太少

別再沉醉愚人節的樂趣了
我是夠資格講黃金分割定律的
因我善於從觀景窗中看風景
看風景中的黃金比例

二〇一一年四月五日　觀〈黃金檔案〉後

百　年

百年一躍
檀溪過了
把酒問青天　幾時有
佛印燒肉
虎溪三笑

二〇一一年四月二日作

打　烊

收攤吧
不會有人上門了
剩下的色香味
自己掌廚餵自己
陶醉一下
那朵不開花的青春

二〇一一年三月五日作

又一年

梅花又開出紅盤
風不割人
水不寒心
惟有那八八六十四卦
推算不出
一首詩的命運

二〇一一年一月八日作

搶

又是一年春風
吹老了多少雞籠
是誰那麼無聊
把雞兔關在一起
關出了幾隻雞兔幾隻腳的問題
也關出了一陣陣搶頭香的騷動

雞要搶頭香
兔子也要搶頭香

豈止是雞跟兔子搶
雞跟雞　兔子跟兔子
公的跟母的　公公的跟母母的
各自搶成了茶壺裡的風暴
殺聲震天　塵土飛揚
搶成一支支沒有皮毛的頭香

二〇一一年一月十五日作

六合難靜

風停
雨歇
書冷
不打烊的夜店　送來
血拚
肉拚
酒拚

二〇一〇年十一月十三日作

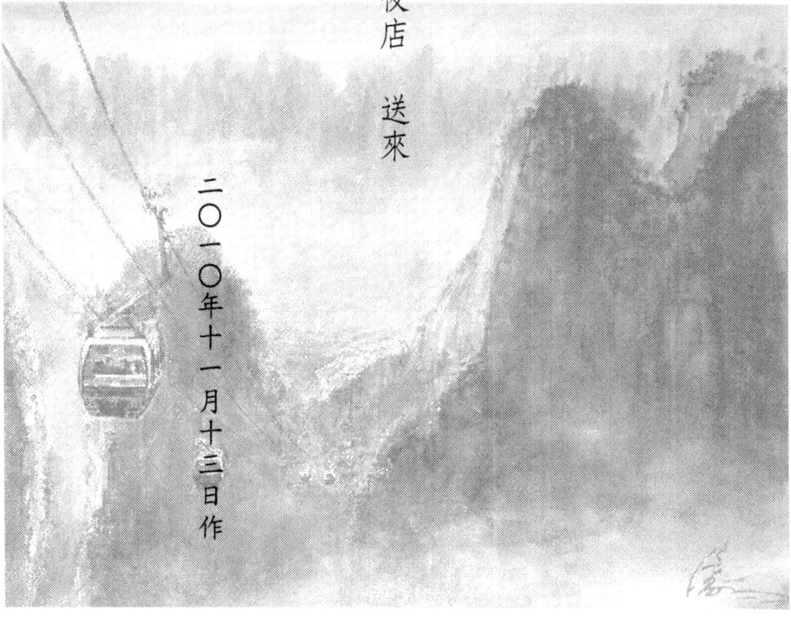

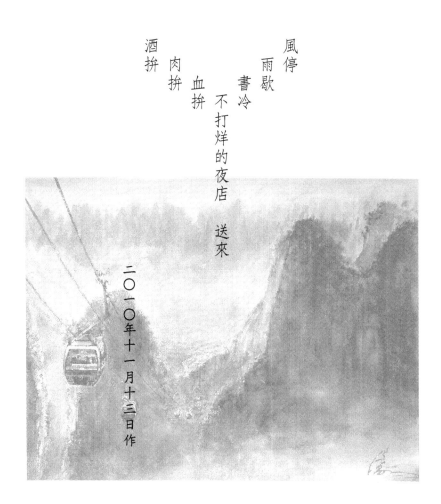

生命等級

昨天
鎗是第二生命

今天
老花眼鏡是第一生命

二〇一〇年十月四日作

野薑花

只因愛野
恆素妝山腳水邊
聽野鴿子晨昏的情話
看溪中游魚表演離家與回家
偶而
俏尼姑飛來一個迷人的眼色
我會心一笑
原來
小尼姑也不愛家花愛野花

二〇一〇年七月十七日作

日　出

懷著光明的理想
從黑夜一寸寸走來
走成一塊燦爛的金幣
萬姓同光
窮人也窮到了一點希望

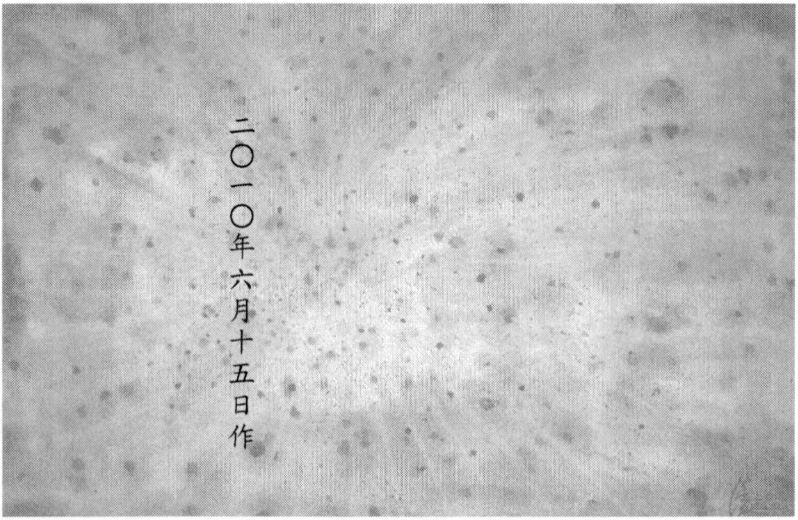

夢裡春秋

鹽廠不產鹽
糖廠不產糖
美人窩也不產美人了

乾剛不剛
坤柔不柔
日月也不日月了

大斧頭一揮
莊子從棺材裡躍起
大罵
夢裡的春秋是兒戲

二〇一〇年六月十五日作

渡

是要杯渡　還是碗渡
是要私渡　還是官渡
是要明渡　還是暗渡
是要別人來渡　還是自己來渡
蠢材　這是一隻野渡
你渡　還是不渡

二〇一〇年六月七日作

浴巾妹

一朵盛開的玫瑰
迷人的花瓣是不鎖的山門
等待雙雙蝶眼的熱吻

四月　桐花亮出白玉的胴體
四月　櫻花亮出石榴的紅唇
四月　浴巾總不能呆在浴室修道
四月　玫瑰總不能呆在佛堂唸經

是花非花
浴巾不是浴巾　更不是海青
迷離的　飄起滿城霧煞煞
霧煞了滿城看花的眼睛

二〇一〇年四月十二日作

蛙　怨

桐花開了
開在戀愛的季節
開在豪宅的落地窗前
微風吹動少奶奶的長髮
琴韻揚起古典的幽雅
只是祖宗留下的稻田和池塘
都被冷面的鋼筋霸佔了
啊！浪漫的桐花季節
到那兒去尋找初夜纏綿的愛情
到那兒去繁衍今生今世的生命

二〇一〇年四月三日作

紙片人

妳是一片燃燒詩情的楓葉
艷紅的吳帶
火辣的曹衣
隨著妳的靈魂兒飄飛
妳呀
打敗了趙飛燕
羞煞了楊貴妃
整個世界
都被妳輕輕舉起

二〇一〇年三月廿四日作

雞問

保護動物乃世界潮流
難道我不是動物

兩隻腳的有人權
難道我不是兩隻腳

人類口口聲聲要廢除死刑
難道我犯了比死刑還大的罪

對人類有貢獻的應受到尊敬
難道我對人類毫無貢獻

孔子教人祭神如神在
難道我不是剖心挖肝地跪祭神明

人類的天才一鳴驚人
難道我不是一鳴驚人的天才

人類發明了氣象預報
難道我就不知道何時天明

你們自詡是禮義之邦的子民
難道不知雞姦雞眼侮辱了我們

有人喜歡狐假虎威
難道我的毛不可以當令箭

老子希望你們做老二
難道還不知「寧為雞口」的危險

二〇一〇年三月十三日作

辣椒西施

一手抓秤
一手抓辣椒
抓一把映山紅的嬌嬈
稱給人家

四更才過
燈下打扮成一個黎明
紅緞子的緊身襖
裹出一種火熱的風韻

立志不再揹書包
堅持繼承寡母的辣椒攤子
稱風稱雨稱辣椒
保送弟妹們上學

二〇一一年十一月六日

晶　晶作品

簡介：晶晶，本名劉自亮，一九三二年生，祖籍河南省羅山縣，浙江省杭州女中畢業，曾服務軍職二十餘年。現為《葡萄園》詩刊及「三月詩會」同仁。作品曾獲中國文藝協會第二十七屆詩歌創作獎章。著有長篇小說《歸情》、《春回》，短篇小說《火種》，詩集《星語》、《曾經擁有》等多種。

醉　酒

一杯　養生
兩杯　微醺
三四五六　難卻盛情
罷！罷！人生難得幾回醉
一杯接一杯　開懷暢飲
飲到酩酊猶恨少
一醉解千愁

只為酒後好入眠
夢裡無憂
秋來金風爽　桂飄香
大閘蟹肥正好嚐
管它東南西北
藍天綠地紅太陽

三月的請柬

把詩挽進三月
青春猶在淡遠的情懷中漫遊
把詩還給青春
三月的活力在初夏的美意中舞動
楊柳風輕撫曼拂
無限綠意次第舒展
舉目四望
眼神竟衍化成一枝握筆的手
欣然撰出一紙柬帖
相邀詩會的摯友們
來三月尋詩、碧潭攬勝

茶旗搖曳　在美麗春天的驛站
廣角窗外　白雲躑舞　碧波漾紋
鼓動久蟄的心情
茶堪飲醉　醉於春　醉於景
醉於酣暢淋漓的詩情

小詩六首

對鏡

拂去塵埃
妳的容顏明淨如水
散發一種全新的韻致
似熟悉　又陌生
佛說　人間值得你百般凝視
容我再一次細細讀妳

髮

昔日青絲今秋草
霜染雨淋
卻也為妳梳理出一山
沉靜的雪花

眉

隱隱青山　依舊含笑
多一分祥和　少一絲哀愁
疏疏柳葉　自在舒展
不再吟唱——展不開眉頭

耳

靜　是最美的聲音
沉思生慧　傾聽
風的流淌　雲的聚散
鳥語的啁啾　花開的喜悅

唇

一團燃燒的火燄
被日月的輪轉寸寸澆熄
還我本色　留住笑靨
絳唇不復再點

目

一池秋水漸涸
只為紅塵情淡　世事紛雜
視茫茫霧裡看花
散步　品茶　隨緣生涯

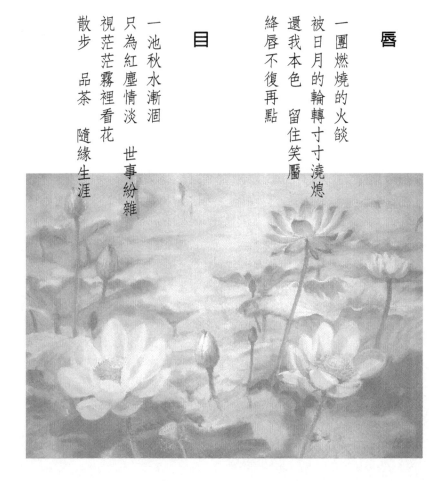

迎　春

乘著日曆的小舟
一頁頁跨過夏秋冬
翩然歸來
再一次耕耘自己的天地

春風　放出訊息
喚醒一寸寸冬眠的土地
春雨　灑遍田隴
滋潤一畦畦乾涸的原野

當春雷乍響
萬物嘩然而醒
群芳迎春
喧鬧成一片姹紫嫣紅

時　間

看不到你的容顏
聽不到你的聲音
你是觸摸不著的啞然存在
卻許我一生的承諾

從襁褓到華髮
是一段漫長的提攜
從無知到從心所欲
是一種教化的導引
一季一稿、一月一詩
予我溫柔的鞭笞

我之於你只是紅塵一粟
你之於我卻是無所不在
我在你的軌道上運行
經營出平平生涯
你在我的生命中運作

積澱成淡淡清風
你的無言如水　滌我從善
你的沉默似金　示我以真
追趕你如流的步履　珍惜你似箭的光陰
你是守護我終身的諍友　知音

無　題

靜坐　把心念沉澱
進入無聲、無相、無我之界
從空白中　盼望邂逅一絲靈感

隨著意念悠遊　穿雲　追風
雲開時　是晴空的視野
風過處　有湧動的思潮

牽引片片雜亂的靈動
如霧般迷濛　夢般悠遠
在久久的失落中隱隱約約

那是哪一個時代的片段
又是哪一段古典的情緣
如此淒迷、浪漫……

多麼美好的題材　提筆

卻瞬間遺忘了情節　吟不成詩句
一如被那烽火化燼的殘夢
驀然回首　曇花一現而逝
只抓來盈掌的空虛
轟然……跌落斑駁紅塵

迎接春天

早已揮別了冬的身影
春天的腳步
仍在一個又一個的冷氣團背後
蹣跚漫遊

媒體說　花季已經居臨
櫻花搶先露臉
卻又擋不住料峭春寒
一簇簇花卉　垂首欲泣
反而是山坡上的杜鵑
抽芽待放　綠意盎然

媒體又說
在那遙遠的地方
茉莉花正在盛開　怒放
在高壓下盛開　在砲火中怒放
高喊著自由民主的訴求

用生命與熱血　迎接春天
在這個乍暖還寒的季節
遠方的茉莉點燃起骨牌效應
瘋傳開來
令人回味起重演的歷史
當年的茉莉　今天的茉莉……
唉　萬千感慨　化作一嘆

西風聯想

—— 憶故友

西風起　捎來秋的消息
拂去昨日的燠熱
風乾了全身汗水

林間老樹猶勁　野地秋草漸衰
斜坡下的楓葉
早已醉得不省人事

山居的歲月如夢
但願天邊那朵閒雲
寄望再一次的邂逅

妳的現代　我的傳統
十年差距成知己　忘年之緣
不同調的歌聲勉能唱和
同題材的詩句常相誦吟
妳以才藝入詩　一揮而就

我則苦思佳句　捻斷霜髮
淡海之遊　一份簡餐一週末
碧潭有約　一盞清茶一下午
默送日落夕照　笑迎晚霞流金
縱無一語　亦覺會心
中年不識哀愁　古稀依舊頑稚
相惜　相知
走過三十年夢境人生……

秋雲似羅　似妳馭風而去的裙裾
潭水生煙　是我久久低迴的惆悵
西風瑟瑟　細雨絲絲
是離人依依的淚滴
冷冷的驪歌聲中
不說再見
只留下無盡蒼涼　一聲慨嘆

心上的圖騰

在跨越百年的前夕　寒流來襲
一件小小的包裹快遞宅配而至
啊！竟是一條暖暖的圍巾
青天白日滿地紅　莊嚴呈現　突然
一股沸騰的激情直沖腦門
化作盈眶熱淚　縱橫而下——

姥姥：我們送您一件意義非凡且珍貴異常的禮物
　知道您一定喜歡
　記得當年的您
　帽子上戴著青天白日
　領子上掛著旗正飄飄
　肩膀上扛著一朵燦爛的梅花
　迎風而立　英姿颯然
　今天圍在您脖子上的可是一面榮耀的國旗
　我們永遠記得這是銘刻在您與我們心上
　共同的圖騰——

孩子們：衷心感謝你們這份貼心的禮物

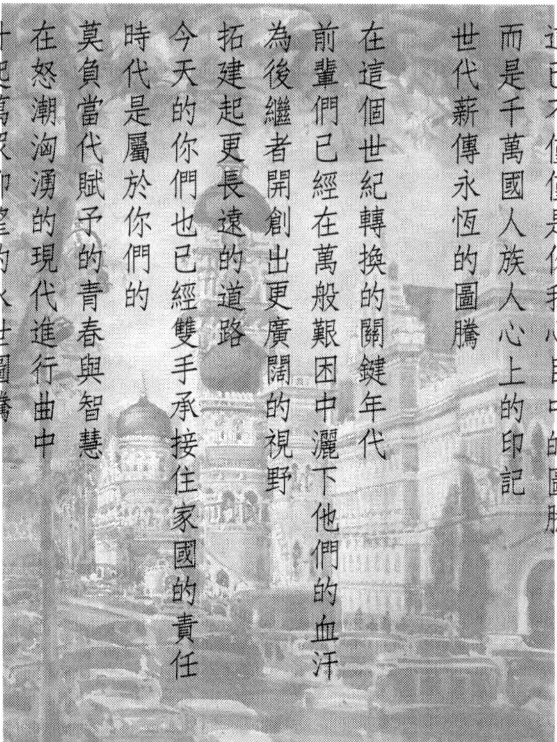

這已不僅僅是你我心目中的圖騰
而是千萬國人族人心上的印記
世代薪傳永恆的圖騰
在這個世紀轉換的關鍵年代
前輩們已經在萬般艱困中灑下他們的血汗
為後繼者開創出更廣闊的視野
拓建起更長遠的道路
今天的你們也已經雙手承接住家國的責任
時代是屬於你們的
莫負當代賦予的青春與智慧
在怒潮洶湧的現代進行曲中
升起萬眾仰望的永世圖騰
從海峽啓航
大步邁向世界　踏遍全球

老人之歌

歲月催人
不老也不行
這一代的老人　生於憂患
經過戰火洗禮　受盡苦難
換得個還算過得去的晚年

往事已矣　不必回首
平時雖無兒孫繞膝
病痛自有外勞扶持
只要坦然面對平凡
何處不是桃花源？

出門逛街　看戲搭車　優待五折
一年半載錢來也

興之所至　哈哈詩　信筆塗鴉
仰天一嘯　唱唱歌　五音不全

笑也由他　讚也由他
癡點　狂點　又何妨

郊外走走
碧水青山　賞心悦目
清風白雲　悠然自得
觀日出以自娛　飲月色而酩酊
一覺好眠　日上三竿自然醒
飛鴿傳一線　三五好友詩茶酒

繽紛之後是凋零
來如夢　去似幻
瀟瀟灑灑走一遍
生而如斯　何愁之有？

秋風秋雨

百年以來
那句壯士的銘言
依然清晰　依然響亮
他們以滿腔熱血　一身傲骨
寫下轟轟烈烈的創國史
他們的名字叫烈士

五十年代
一群胼手胝足的人們
以智慧　以血汗
把木屐變成皮鞋
打造一座生氣蓬勃的
龍頭奇蹟
他們的名字叫國士

他們高高地站在
歷史的雲端

瞬眼看著：

九十年代
一群玩法弄權的敗類
踐踏民主的尊嚴
搾取民眾的血汗
海角N億　洗了又漂
洗不淨雙手的污穢
漂不白染黑的良心
他們的名字叫貪婪

秋風秋雨過後
酷嚴寒冬接踵而至
「美好日子啊
何其短暫」
地獄裡頻頻傳來
陣陣蒼老的咳聲

詩題如霧

坐著讀你

不如夢裡讀你的詩
如同站在百層樓頂
俯瞰上海漢的前世今生

已經錯過追風的年代
別再漏失尋夢的華年

你的諾言如千古童話
我的錯誤是百年執著

誰說的　人與人之間最長的距離是
——等待

七月的詩題　輕輕如霧
迷茫中　夢成一段朦朧的心事

二〇一〇年七月一日　渴望村

童佑華作品

簡介：童佑華，安徽巢縣人，一九三二年生，公職退休。新詩寫作及書法研習數十載。曾參加世界詩人大會、詩刊編委、名譽發行人、刊物特派員等。詩作入選十餘種詩選集。曾任中國書法學會監事，書法作品入選全國名家專輯。二〇〇五年應邀至南京參加兩岸書法家交流展。已出版詩集《風雨街燈》一種。

早餐讀報

報紙副刊上方橫向排列的九個大字：
「作家的寫作與生活」　底下
九位名作家也順序一字排開　有男有女
是名副其實的　九尊大菩薩
他們共同點燃了　一炷清香
不同的表情不同的喜怒哀樂？
在他們唇與眉宇間流竄著燃燒著
鄉土的與世界的　炎熱的與霜冷的
弔詭

由於過份神往　不經意間
我手中捏著一塊已送到嘴邊非常香醇的
　土司夾層中的一粒飽滿豐腴的黑芝麻
倏地　瞬間蹦了出來
急忙奔至一位菩薩歡喜微啓的唇邊
我怕她給隨勢吞了進去
便迅雷不及掩耳伸手懶腰將之

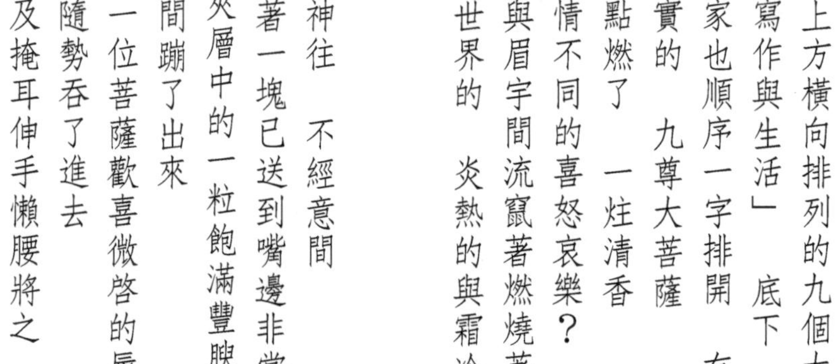

擒住　丟進自己飢饞的舌間
感覺上就像吞進了菩薩們
吐納的真氣　化作無量養生的
靈芝　人參　大補丸
感覺。

葡萄園詩刊二○○六春季號一六九期

西疇春事

周末來到金山海邊
置身於紛擾的沙灘
在滿地碎石與數不盡的漂流雜物中
撿拾　濤聲

眼見一塊被海水踐踏過巴掌大的
詭譎不經紋理喧嘯形容枯槁
堅硬如鐵石之木片於眾聲喧嘩裡
默默地　向我招手　乃將之
握在掌上　傾聽它　幽幽然
散發出一縷縷　裊裊　優雅地
古典　音韻　鼻可嗅　耳能聞　而
心嚮往之——
是勤奮的浪花鋒利刻刀
經過無數個晨昏晝夜
精心雕斲的歲月滄桑　圖鑑
沿著圖鑑的涓涓細流記憶坡度躡足而下

眼前的汪洋大海果然煙邈無際
煙渺極處　隱隱約約眺見了些什麼
是海市蜃樓　是霧裡仙山……
我欲踏浪歸去

潮起　潮落
生命的波浪　忽遠忽近
恆在子夜時分　自慵懶睡夢中
轟然響起　響起　響起——
去年的去年　漫天風雪過往　以及繁多的
西疇　春事（註）

註：陶潛「歸去來辭」——農人告余以春及，將有事乎西疇。

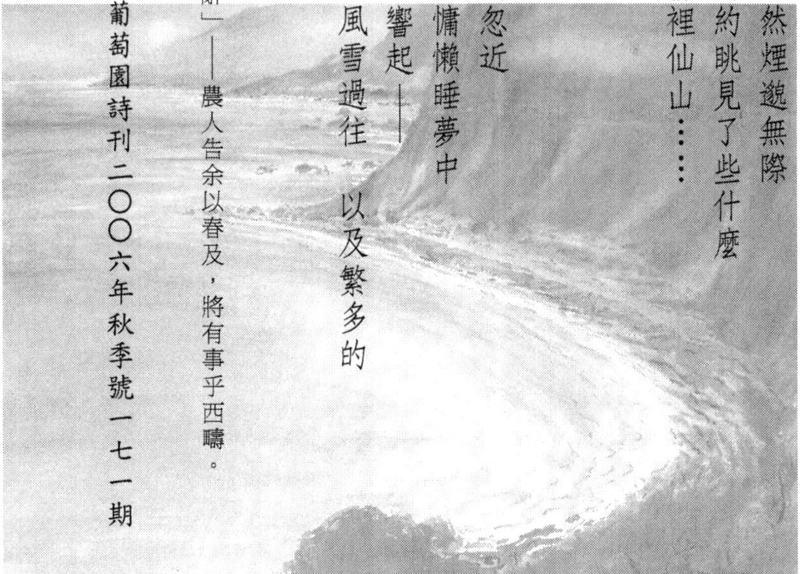

葡萄園詩刊二〇〇六年秋季號一七一期

戲說這「新」

興致勃勃　一頭闖入了
三月詩會　群賢畢至　巍巍的　殿堂
是一新的驚喜　新的學習
甘願概括承受被當面「修理」的新鮮感覺

據說　一向放逸不羈又帶幾分「犬儒」的張朗
曾在此因過分熱情饒舌　榮獲加冕
「修理廠廠長」雅號
吾「後」進　未及目睹詩廠長
想必十分精彩的演出風采
伊不知為何中途竟不聲不響頂著那款
灼灼光環　偷偷地逃出這黌宮
溜了。

照佛家輪迴說　肉體皮囊的捨棄
就是另一生命　新的開始。

多麼希望俺是永被留校察看的　考老童生

晨昏 於蝸居十五樓頭 重新吟讀那
遠山 近水
雲起 江闊……

註：一、「新」為該月份共同命題。
二、「犬儒」學派 **Cynicism** 為公元前三八〇年，古希臘哲學家蘇格拉底弟子安提善 **Antishenes** 所創。主張個人生活簡苦，排斥名利、教化、禮節等。

葡萄園詩刊春季號一七三期

MRT 一瞥

我將自己濃縮成一尾魚
夾在人群中　悠然
游進車廂
以喬裝二十歲的少年英姿
攬一支不鏽鋼柱子　挺立
免得驚動閉目養神
已各自尋夢的紳士淑女

看！（看什麼看）
有對年輕情侶正熱擁在一起
男的低首俯視　女孩略帶羞澀含笑仰唇
他們共同彩繪了一幅青春版美麗詩篇　而
從二十世紀中葉來的道學者跟周公寒暄有理
以防備眼睛的流失不當碰撞受傷

Do Not Cross The Yellow Line
小心陰暗的溝隙就在你跨步出入的腳下

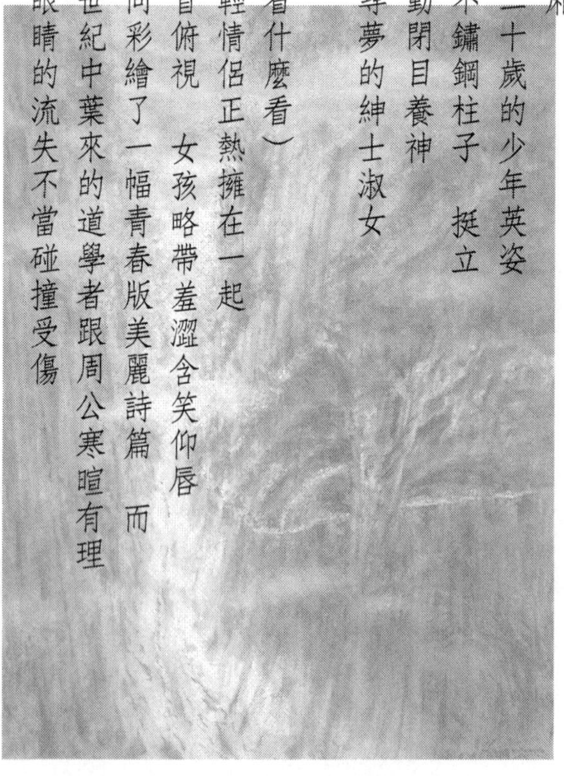

兩次哨音未進乘客
請等待數分鐘後的下一個生之旅程。
夢土　恆在
遠
方

二〇〇九年二月廿四日　中華日報副刊

燕　子

— 碧潭憶往

春　將龜縮的隆冬狠狠地一腳
踹進了潭水的最深層
四月花黃　那年
祖孫三代潭上泛舟
父子聯聲　一闋
「夏天過海洋」——
把整潭的流水由渾濁唱到清澈鑑人
再從悠悠的綠意潛進西湖的柳浪聞鶯
遂引得山隈枝頭群鴉應聲聒噪
我家甫讀小四孫女在船尾噘著小嘴
嫌她俊爸、老醜爺爺粗厲嗓音嚇壞了
魚兒　不敢逍遙浮游
歌聲猶在耳邊縈繞　不旋踵間
淘氣小四的黃毛丫頭
她已以百米的速度　一逕
闖入了T大學黌宮　當起了新鮮人
潭上乍見

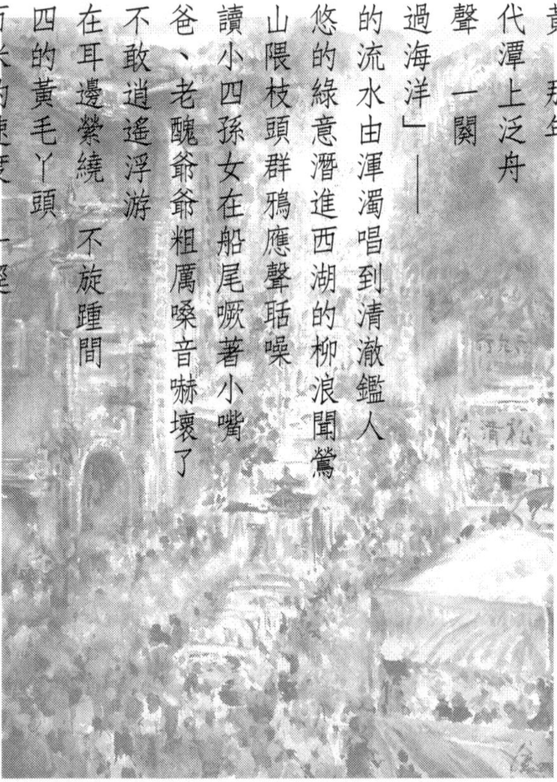

二三燕子　梭空翦翅　逐水蹁跣
匆匆北來南返
再回頭得等到明年的
春天

註：「夏天過海洋」是一首西洋抒情老歌。

二〇〇九年五月廿一日　中華日報副刊

半　酣

金聖嘆被砍腦袋前
笑對劊子手說：
花生米配豆腐干喝老酒
有　火腿味
至死不忘　三酉
一個豁達強悍的
生命。
河濱漫步
我以赤水河茅台的半酣
蘸著少許慵怠一路信筆　揮灑
微微的異香　隨風
飄散
那發霉了的　鄉愁。
乍見前方大樹萬千油亮葉片
在夕暉中海濤般迭宕翻滾
應非酒醉

它大概是想潛伏在體內數不盡的
鬱結　鳥糞以及蟲害……
企圖　一古腦兒給通通
　　　　　摔落！

二〇一一年六月　創世紀詩刊一六七期

溪床上的 puppy

小時候　打一出娘胎
這雜亂險隘的石頭縫隙間
就是咱兄弟姊妹生長的安樂窩
我們的居室環境雖凌亂曲折卻幽靜無比
門前流水總在我們甜蜜睡夢中
　潺潺吟唱著輕柔的　悠悠陳年古調
媽媽早晚送來的　飽滿奶水
是我們一家子天倫團聚最大的
幸福　憑藉

鷺鷥　小麻雀　小燕子　小魚老烏龜
都是我們最親近的芳鄰
咸豐草與小野菊總悄悄來到我們
庭院　周邊　與斯文害羞　路過的少年風
飆舞　逗引我們也忘情地「追趕跑跳碰」
童年　果真是　如詩　如畫　如幻
直至有天媽媽因奶水不足才告訴我們說

當媽媽的奶水竭盡了　就是爾輩
自食其力　流浪天涯的時代
想問問　流水　不知它知不知道
「天涯」　是在
何處？

註：puppy——幼犬。

葡萄園詩刊冬季號一七二期

春　寒

一

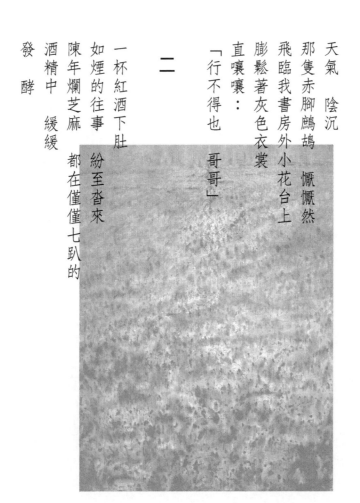

天氣　陰沉
那隻赤腳鷓鴣　慨慨然
飛臨我書房外小花台上
膨鬆著灰色衣裳
直嚷嚷：
「行不得也　哥哥」

二

一杯紅酒下肚
如煙的往事　紛至沓來
陳年爛芝蔴　都在僅僅七趴的
酒精中　緩緩
發　酵

三

乍暖　還寒　還寒
心情都被浸得黏黏的
濕濕地　某些　思念
一黏濕　就難以掙脫

四

鐘聲已過午夜
鄉愁之路　迢迢　邈邈
一失足
比無眠的夜還長

葡萄園詩刊二〇〇七年夏季號一七四期

江渝輪上讀大江

── 最後的長江三峽之旅（註）

穿越你水柔的胸臆
五天六夜兩千公里
那永不止息的浩浩濤聲
將遊子寂寞的心靈
日以繼夜的　點醒

溯西陵　過巫峽　進瞿塘
擎天絕壁之上
偶見鷹鷲盤旋
懸棺已然湮邈
古棧道那弓著身軀揹拉滿載煤貨船隻
　緩緩移步的縴夫
仍在蜿蜒山徑上艱難地
雕刻著船家生計的原始圖騰

「滾滾長江東逝水，浪花淘盡英雄」——
孔明廟　屈原祠　白帝城

神女峰　金盔銀甲　兵書寶劍……
你靈魂的深處究竟隱藏了多少
神秘深邃的興亡歷史魅影
而牛肝馬肺　乃是這蒼冥間
渾然天成不朽的淋漓潑墨奇幻山水

「小孤山」是位遺世無華的小村姑
伊以略帶野性之姿迎面向俺撲將過來
因躲避不及竟與之撞了個滿懷
不瞬間她便又一溜煙地閃到右舷尾扮鬼臉

每一個夜晚無論風雨月白
夢中醒來吾心輕啓艙門
窺看聆聽你深宵
激越的脈動　隱隱的心音

大江啊　滔滔不絕的大江

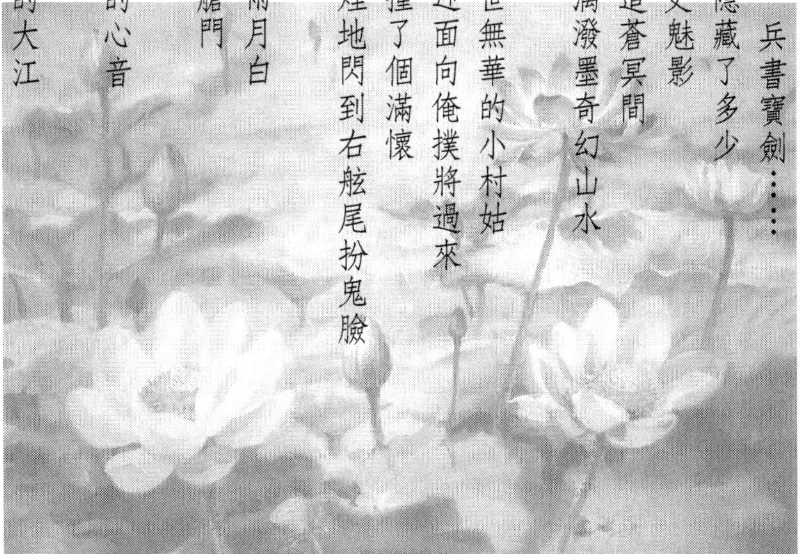

你那看似猙獰多變的面目
卻也蘊育了人類亙古的生機與文明
你那激如流矢飛逝的身姿
教人讀來既畏懼又心生悵惘
而你的歌聲　何以聽著總是
如此的　悲憤　且
豪壯

註：詩中所舉多處歷史古蹟建築景點，一俟大壩完工攔堰之日，亦即沉入江底之時。

葡萄園詩刊二〇〇三年夏季號一五八期

一信作品

簡介：一信，本名徐榮慶，一九三三年生於湖北省漢口市。現任中華民國新詩學會及中國詩歌藝術學會常務理事。作品以詩及詩評為主，曾著作詩集及評論集十餘種。曾獲文藝獎十餘次，包括「中國文藝協會榮譽文藝獎章」、「中山文藝創作獎」、「中華民國新詩學會詩教獎」等。曾主編文協及新詩學會等會刊及詩選集多種。一信寫詩及評已近六十年，詩風陽剛，題材多元，文字簡捷有力。如今年屆八十，仍孜孜致力於新詩創作境界之開拓與突破。

節日形象

節日　是一群食屍鳥
啄食一具一具未埋葬的屍體

節日　是一根根很高的竹子
有一個個的節　內裡卻是空空的
不信　剖開看清楚或問佛

節日　是強勢者硬將晶片
植入別人腦中　從此一輩子
都接受這個訊息

冬

天寒了，是
剛才讀了孟郊一首詩
有幾個字雪花般飄落在
眼球水晶體上

天冷了，是
寒鴉啼聲以風之姿
斜斜插入我臉上皺紋中
從皺紋滲入脈管　流入心臟

未刻意閹割春天　乃
年暮又暮年的黃昏之黃昏
又冬風　真的很冷

聯合報副刊

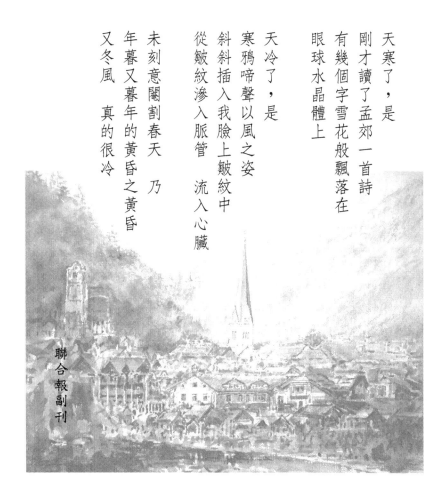

失樂園中一團火燄

在醒與睡及睡與夜的交接點
在夜與愛及愛與性的交接點
某種感覺　某種興趣　迅速驟升
某種情緒　某種慾望　迅速擴張
某種心態　某種意念　勃地暴動
乃成火與火般水與水般之
心與心的身與身之交融
愛與愛的體與體之交融
衝動與衝動的興奮與興奮之交融
潮起與潮落及喘息與鬆弛交融後
飄然與疲憊及超現實與現實交融後
渾渾然之清明中
一團火燄在枕褥間焚燒成燼

聯合報副刊

陰道獨白

給這個世界人類留了一條路
一條淺短而深長的道路
一條隱蔽卻顯性的道路
一條無法説清楚　卻必須思索
慎行或放縱狂奔的道路

這條道路上　人　性
衝突中融合　對抗中和諧
呻吟中快樂　衝動後寧泰

這條路　性能需要之
冥思中行動中血脈裡精囊裡
傳遞生命　繼續生命之生命

一朵花無限可能

一朵花風緻成了一襲花衫
一襲花衫情感成了一件奶罩
一件奶罩生化成了一對乳房
一對乳房質漲成了一個肉體
一個肉體靈動成了一種愛
一種愛物化成了一股慾望
一股慾望自自然然地成了無限可能
無限可能漫然地延伸成了無數無限可能

無限可能可能是？？？
無限可能可能是一把火
無限可能可能是無數不同眼神
或者根本沒有花　只賸
幼童　情人　老人眼神中不同的乳房

文訊雜誌銀光副刊

飛行之頭顱

頭顱展開耳朵翅膀
乘音波離開身體飛行
來到一處有很多頭骨地方　見
每顆都眼睛空洞　頭殼虛空
耳朵連根都沒有了　看了心驚
它們同聲吶喊：　是
被歷史砍了拋棄於此

頭顱乃趕緊回到身體上
連結血肉　放射強大眼波

聯合報副刊

看貓熊

非貓　不能抓老鼠
非熊　不能噬弱肉
非貓非熊而名貓熊　乃
金剛經曰：所謂佛法者　即非佛法

黑眼看世界　黑耳聽世界
黑腳行世界　雖然
前後腹背皆白且黑白分明　但在
是非黑白混淆之社會能適者生存嗎？

雖不臥東床　但
坦腹若王羲之
縱不識書畫　卻
愛竹遠勝鄭板橋

雄名團團　雌名圓圓
體態生態上確是團團圓圓

惟經操作了六十多年分崩離析的社會
真能有兒童們純真的愛　團團圓圓嗎？

橋

我必須強硬　硬起脊柱
挺起骨骼來負擔責任
將絕路連接　構通

雖是絕路　但
飛彈可越過
戰機也可飛過
軍艦　甚至成群的小砲艇
都可以硬闖或蜂擁而過

但是過橋是最好的方式
跨過壑谷絕壁　串連兩方山頭
越過海浪波濤
安全地　舒適地通過
由我挺起的硬脊骨上快樂地通過

聯合報副刊

我要抗癌

爾　悄悄地　偷偷地
於我不知不覺時潛入我體內
在內臟的三角地帶管道中藏身
並逐漸擴大　發展外圍
欲逼我於痛苦之巔
欲置我於死亡之頃

我反抗　強力反抗
甩掉爾　割掉爾　消除爾
殊死鬥於生死門　拚
你死我活或爾存我亡
縱是兩敗俱傷　俱滅
我也要高舉抗癌！抗癌的大旗

文訊雜誌銀光副刊

手的形象

右手握理想　理想液體
自時間指縫中流走
左手抓希望　希望氣體
自歲月掌心中消失

潸潸淚下向雙手凝視
難道必須如世俗　這雙手只能用於
捧　拍　打恭　作揖　伏拜
舉起喊萬歲　垂下聽訓斥

一身硬骨　卻配有
無能雙手
垂老攤手凝視
淚　不禁潸潸傾下

乾坤詩刊

選票的臉

這張臉
看是方的　又似圓的
看是笑臉　又似哭臉
看是包拯的臉　又似嚴嵩的臉
像孫中山的臉
又似袁世凱的臉
多少企盼　痛苦　怨憤
都累積在這張臉上
都表達在這張臉上
而這張臉
有時是高貴的臉
有時卻是無恥的臉
有時會變成貪鄙或恐怖的臉
這張臉　是有情卻又無情的臉
是你的臉　我的臉　也是他的臉

聯合報副刊

妻之形象 三首

背心

最需要時　妳
貼體貼身擁抱我
不掣肘不牽絆地將溫馨溫暖
由外至內　由身至心
從感覺神經傳導入
肉體纖維　血管　心靈深處

冷暖多變的世界
擁有妳　珍視你的顏色　形態
珍惜妳組織中每一絲每一線
每一縷棉　每一縫合處的纏綿情意
真的摯愛妳　需要妳與妳的擁抱
尤其在這由暖轉涼由涼轉冷
由冷而凜冽之年暮的暮年

手杖

當我困頓　傷痛　力弱
艱辛難以成行時
是妳　給我力量
支持我繼續向既定的方向行進

妳纖細的身子　卻有
強大的支撐力　堅韌之耐力
攜著我手　扶持我走過
無數次最險峻的艱苦之路

如今我老了　孱弱了
更離不開妳的扶持與支撐
走完未走盡的里程

妳形體在我軀體之外
卻永恆在我身心之中
是我骨骼中最堅強的
支撐體中之鋼鑽之骨

鏡子

妳我裸身相向
雖各自為物體　當對看
卻是兩者合一之唯物觀唯心論

我在妳之中　是妳包容我
雖自覺在妳軀體外
卻明顯溶於妳身軀之中

兩者合一或一而實兩
都無需辯證　因為
有感有情於愛時
就自自然然二合為一
若硬體硬為無交感無交集
二就是二了

而妳與我已無需
以公約數公倍數演算求證
更無需水銀玻璃光影化學組合
我早已融入妳包容之內涵
成一堅實之固體

騰昇的愛情

愛情在藍色中騰昇
我們的感情是海
不掀起風浪不澎湃潮汐
祇有無限的深沉

愛情在黃色中騰昇
我們是揉不攏的沙
但築在心中的
卻是永恆的金字塔

愛情在紅色中騰昇
我們是冬夜焚燒的火
嚴寒時燃起溫暖
暗黑裡燦起光熙

愛情在白色中騰昇
我們是只飄不落的雪

此情純純　此心茫茫
而無從塑造為具形

愛情在綠色中騰昇
我們是無根的萍
縱此心長存此情長青
但總飄流於世俗之風

愛情在灰色中騰昇
我們是不能凝固的鐵
縱焚燒於爐火中
也鑄不成形錘不成形

愛情在黑色中騰昇
我們兩心相照如燈
任夜掩盡宇宙
我心一隅永懷光耀

愛情在彩色中騰昇
我們是凝固的霞
雖無從握住真實的形體
但確然燦爛我們的世界

中國時報副刊

傅　予作品

簡介：傅予，本名傅家琛。原藉福建省福州市，一九四七年隨舅兄來台求學，嗣經考試及格，由台灣省政府分發省營事業交通機構工作，任公職四十多年始屆齡退休。寫詩逾半個世紀，出版詩集有《生命的樂章》、《傅予短詩選》、《傅予詩選——螢火蟲詩集》等。寫詩是我心靈成長的點滴紀錄！

宇　宙

在小無內的微塵裡
在大無外的太空裡

在一條沒有起點，也
沒有終點的時間的河流裡，有
許多星星點點，它叫
宇宙

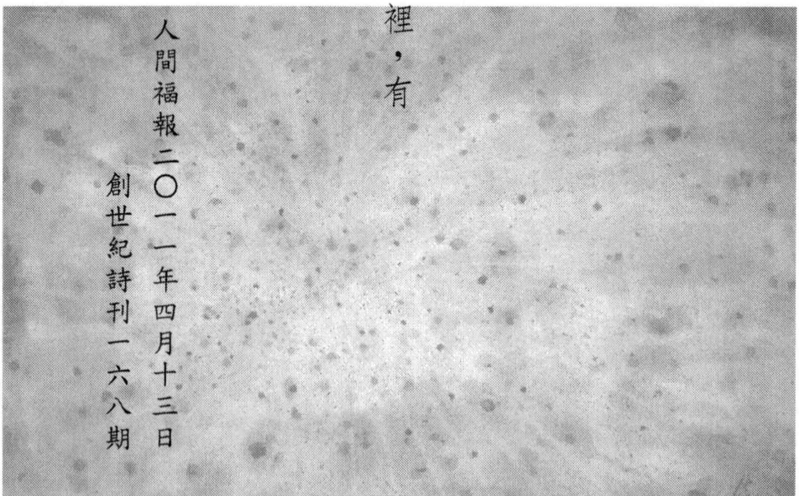

人間福報二〇一一年四月十三日
創世紀詩刊一六八期

醒

當臍帶剪斷
在一聲哇哇哭喊中
走進夢裡

當心臟舞罷
在兩眼闔閉長眠中
醒了

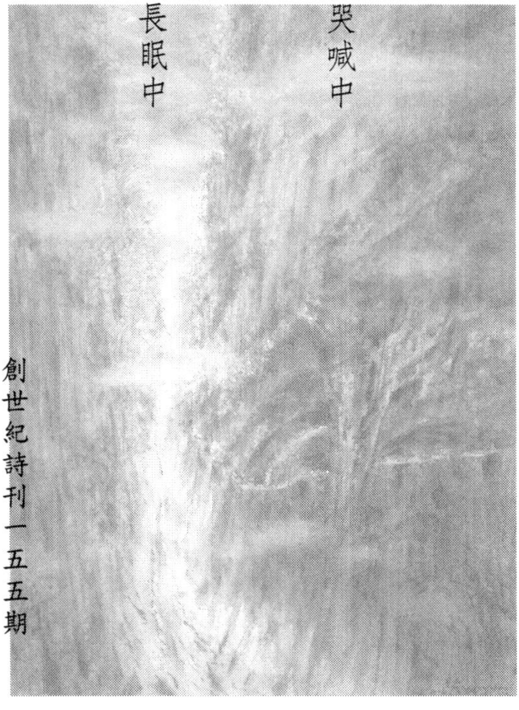

創世紀詩刊一五五期

悟

一道千手晨曦
撫摸著大地
大地醒了

一響古剎鐘聲
棒喝了一聲
我也醒了

二〇〇四年寫於基隆港邊小巢
二〇〇八年七月廿二日刊人間福報副刊

鄉　愁

天邊飄來一片疲倦的流雲
那白色的畫面，是誰
繪下我故鄉的圖案

林間飄來一張枯黃的落葉
那憔悴的面容，是誰
寫下我無言的詩句

二〇一一年十一月十一日刊人間福報副刊，係早期作品。

心靈迴響：
李白說：
「床前明月光/疑是地上霜／舉頭望明月／低頭思故鄉」
筆者醉曰：
「天邊一朵雲/疑是故鄉一幅畫／仰首凝白雲／垂首想爹娘」

詩在那裡

詩在那裡
詩在情人的眼淚裡
詩在春天的腳底下

詩在那裡
詩在阿母咿啞兒歌的搖籃裡
詩在阿爸蹣跚於斜陽下的背影裡

詩在那裡
詩在一顆詩心，永遠
停格在一個春天的季節裡

二○○九年十二月三十日　人間福刊

網

鳥籠，是鳥之網
魚缸，是魚之網
紅塵，是人之網
天堂地獄是靈魂之網

當我逃出囚居半個世紀的塵網
回歸繆斯的田野，我又看到了
楚河漢界的棋盤
我又看到了山寨林立的地盤
在一片刀光劍影的吆喝聲中
我又看到了一面天羅地網

註：筆者退休後與詩續緣，仍嘆人生難逃塵網。

曾刊於葡萄園詩刊

冬　眠

—— 一本五十年不見陽光的詩集

歲月跌宕在「夢土上」（註）
從一九五七年冬眠了半個世紀
蠹蟲蠶食夢土國境的邊界

陽光，透過雲層，摩挲著
片片發黃的葉子
陽光，透過雲層，照耀著
朵朵不凋的花蕊

一個賞花人小立于花前
從縷縷青絲，站成了
「白髮三千丈」

後記：〈夢土上〉是詩人鄭愁予先生的第一本詩集，一九五七年夏蒙贈該書于基隆雨港，塵封逾半個世紀，扉頁週邊已被蠹蟲蠶食不全，內頁發黃，幾成孤本。二〇〇三年十一月適逢第二十三屆世

界詩人大會在台北召開，有幸同團遊于花蓮，得以重睹故人風采，可惜均已古稀之年，七年後又因參加安徽「國際華文詩人筆會」（主辦者係廣州詩人野曼先生），故復在九華山重逢，返台後復相約偕其夫人同遊「台北二〇一〇年世界花卉博覽會」于圓山。不勝感觸人生的滄桑，在轉瞬間青絲變白髮猶如隔夜！而今，就讓我們在〈野店〉（註）的岔路上〈交換著流浪的方向〉吧！

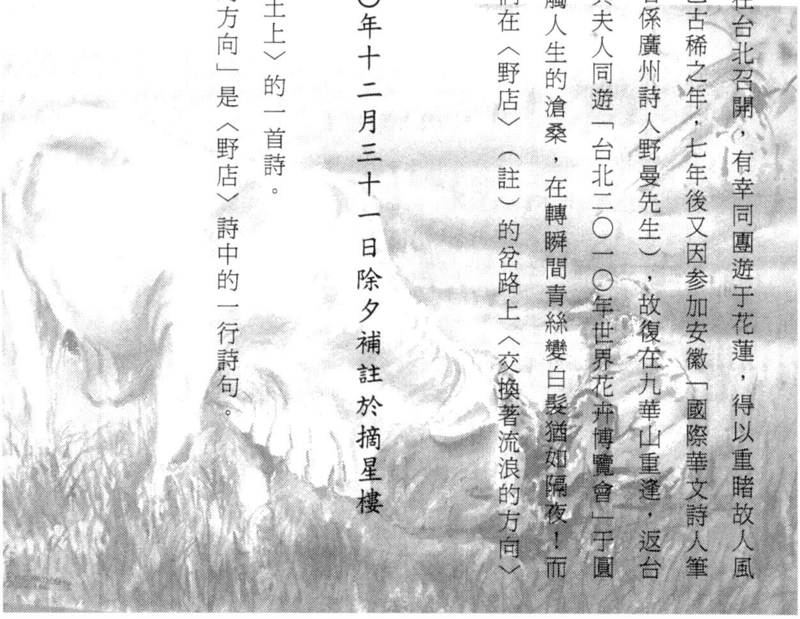

二〇一〇年十二月三十一日除夕補註於摘星樓

註：〈野店〉是〈夢土上〉的一首詩。

「交換着流浪的方向」是〈野店〉詩中的一行詩句。

方　向

人會走路
鳥會飛翔
飛翔與走路皆有方向

雲，以風定方向
候鳥以季節定方向
老鷹以獵物定方向
流浪人以天涯定方向

一朵天堂鳥
對牠植根的土地說
你是我終生離不開的方向

二〇〇五年五月十八日　台湾日報副刊

根

有人每天吟唱「風從哪裡來」
説根在一葉小舟的搖擺上
説根在一片浮萍的水底下
説根在一朵白雲的藍天上
有人吃果果膜拜樹根上
説根在一棵榕樹的大地下
説根在一簾瀑布的源頭上
説根流浪在一滴血液的基因裡

根啊！
它早已鐫刻在你的姓名上

二〇〇五年一月十五日　青年日報副刊

心靈迴響：台灣政治有藍綠板塊，故有人嗆聲要去「中國化」但他永遠去不了他頭頂上的「根」，這個傳承五千年的根（姓），仍要一代一代傳宗接代下去！

鳥　巢

—「鳥巢」主題歌

鳥巢不在樹上
鳥巢在中國首都的大地上
鳥巢不是小鳥的窩
鳥巢有九萬隻來自世界各地的和平鴿
為了展現人類奧林匹克的精神
九萬隻鴿子歡聚在一個鳥巢裏

同一個鳥巢同一個世界
同一個世界同一個夢想
同一個夢想歡唱同一首歌
同一首歌「大家都是一家人」

後記：「鳥巢」是二〇〇八年北京奧運的主體建築物，可容納觀眾九萬人。筆者有幸觀賞二〇〇八年北京奧運以及二〇一〇上海「世界博覽會」讓我亦同感中國即將崛起！廿一世紀將是中國人的世紀！身為中華的炎黃子孫亦感與有榮焉！

（曾刊于北京〈詩刊〉及珠海特區報〈海天版〉）

芻　狗

— 2008〈512〉四川大地震紀實

老天爺
你不要生氣吧，因為
你打一個噴嚏
喜馬拉雅山長高了九公尺
聖母峰更靠近了天堂

老天爺
你不要打瞌睡吧，因為
你打一個哈欠
萬物在一個觳觫的顫抖中
變成了芻狗

後記：二〇〇八年五月十二日四川發生芮氏 8.3 世紀大地震，死亡人數逾八萬人，震央汶川已淪為廢墟，天府在一夕之間，淪為人間煉獄，真是天地不仁，以萬物為芻狗。因而感作！

二〇〇八年秋季號《葡萄園詩刊》一七九期

放　下

放下，放下我的愛
讓我輕如地球漫步於太空

放下，放下我的夢
讓我像一抹晚霞醉成了一道彩虹

放下，放下我的生命
讓我像一道閃電停格於雷鳴中

一九九二年七月十一日　青年日報副刊

拋　下

拋下包袱輕鬆向前走
拋下衣裝，裸奔，忘了別人
拋下一顆心，禪坐，忘了自己

拋下一副臭皮囊
撿起一粒舍利子，雙掌合十：
「南無阿彌陀佛」我已成佛

二〇〇八年九月廿四日　人間福報副刊

詩與畫

畫如貴婦
真品只有一個難以複製
它只能金屋藏嬌讓人買不起

詩如蕩婦全裸紙上
真品可以無限量印
人人買得起

附註：二〇一〇年参觀梵谷畫展「燃燒的靈魂」後有感而作。

小　立

白雲小立於山峰
浪花小立於海濱
銅像小立於大地，而我
在時間之冥流上
悄悄地小立了
三十個剎那的春天

寫於三十歲生日於基隆港邊小巢

偶　像

朝夕供之，日夜拜之
因為你的名字發亮

因為你的名字發亮
令人目眩神迷，而看不清
是一顆珍珠，抑是
一粒鼠屎

而你，卻讓人——
朝夕供之，日夜拜之
一粒鼠屎，卻拜成了一尊
偶像

二〇一一年一二月一八日　修正

剎那的永恆

一朵白雲停格在一座山峰
一道閃電停格在一響雷鳴
一滴水珠停格在一簾瀑布
一首小詩停格在一張稿紙

一尾精蟲停格在一粒卵子
一粒卵子停格在一個生命
一個生命停格在一塊墓碑
一塊墓碑停格在一顆星球
一顆星球停格在一個銀河上
一個銀河停格在大自然數位化的檔案中

二〇〇五年一月廿四日 於港邊小巢
二〇一一年五月十二日 修改於摘星樓

真假之間

會哭會笑的生命是真的
不再呼吸的生命已非生命
會痛會癢的身體是真的
失去知覺的骨灰已非身體

看不見摸不到的靈魂是虛幻的，可是
虛幻的靈魂卻在主宰著有生命的身體

人生如夢，夢如人生
真真假假假亦真
假假真真真亦假
我——活在真假之間

二〇一一年四月三日　望月樓

心靈迴響：德國物理學家愛因斯坦Albert Einstein的「相對論」
卻讓廿一世紀的哲學家也迷失了方向？

詩　宴

——《三月詩會》成立二十週年紀念

每人一道菜
不是山珍海味，而是人生在
悲歡離合攪拌中的一個大拼盤

每人一道菜
不是有媽媽的味道，而是
心靈邂逅繆斯片刻的凝眸

每人一道菜
不是追星趕月的風雲大會，而是
慶祝你及冠的一席詩宴

附註：〈詩宴〉是《三月詩會》創會二十年來的一道小菜，目前成員有：麥穗、潘皓、台客、謝輝煌、金筑、晶晶、一信、王幻、雪飛、童佑華、丁潁、徐世澤、林靜助、陳福成、文林、蔡信昌、關雲、狼跋、傅予共十九人。每月第一個星期六雅聚，二十年如一日！

葡萄園詩刊一八七期

老蕃顛

「老蕃顛」呵，請不要對號入座
因為這絕不是你的「專有名詞」
不記得從什麼時候開始——
這個沒有針對性的名詞，卻
變成了一個街頭巷尾的順口溜

因為他說了N遍「我不會台獨」卻沒有人相信
但他只說了一遍：「釣魚台是日本的」，就
有人相信他不是台灣人而是「日本人」
到底「老蕃顛」這個名詞該如何在歷史上定位？
就讓歷史家司馬遷去解說吧！

二〇一一年七月十五日

註：本詩因讀台客兄一首大快人心的詩〈聞老李被起訴〉有感而作。

葡萄園詩刊第一九一期二〇一一秋季號

林靜助作品

簡介：林靜助，台北市人，民國三十三年生。國立成功大學畢業。目前擔任中國詩歌藝術學會理事長，及《藝文論壇》、《紫丁香》詩刊總編輯。數十年來熱愛文學創作，已有文化論評等各類文章數十萬字發表。熱心兩岸文化交流活動，自三年前當選詩歌學會理事長以來，多次組團前往彼岸訪問，為兩岸之文化交流及和平互助往來，留下痕跡。

巴蜀的山水人情

那裡有三星堆的古文明
有赫赫有名的都江堰水利工程
比美高樓大廈的樂山石雕大佛
儒釋道文化源遠流長的峨嵋山
九寨溝人間仙境的七彩湖

被推為中國歷史正溯的武侯祠
古代蠶絲的發源地
岷江流過多少世代的滄桑
秦朝張儀建城遭遇屢次興滅
如今成都的滿城寬窄巷子
猶留戀觀光客的贊嘆和感喟

當變臉的戲碼名滿天下
在書店中卻找不到川劇的書

從歷史的灰燼中重燃重慶抗日精神

走過北碚西南大、沙坪壩師大與重大
熱情的青年學子洋溢著清純
中華傳統文化的光輝盪漾著彼此的心胸

來自四方的教授學者對詩學的宏揚光大
在金刀峽的跋山涉水融會貫通
滿山漫谷的歡笑
釋懷的何只是兩岸的隔閡？

懷念的是山城的多霧
是三峽廣場的熙來攘往
羨慕的是成都人的作息
悠哉優哉　曾經
用總督府衙門的炮聲作為時鐘
巴蜀的山水人情令人懷想
午夜夢迴咫尺天涯

街頭街尾

那年
坐在矮木屋柑仔店數著奔馳而過的機車
寥寥無幾，如今
鱗次櫛比高樓大廈俯視著無數的車輛行人
車水馬龍

年少
夥伴們打籃球踢足球數著紮著馬尾巴的女孩
大口大口
咀嚼著青春，如今
痀僂的身影憐憫自己的本身被街頭喧囂吞噬
滿街的繁榮壓迫著歲月的時不我予

我們總捨不得無數流失的時光　在
緬懷磋嘆中
美好都屬於過去
曾經擁有過的

已經積累在生命的歷程

當你走過街頭街尾
是你的經歷孕育出目前的榮景
出生　成長　創作　結果
那街頭的老者傳承給街尾的少年
沒有痀僂的身影哪來滿街的喧囂？

風雨歲月知多少

踏遍故國江山無情寄
風動匯集八方英豪
雨落春夏秋冬
醞釀著十二生肖眾生相
嘆息顧盼自雄年少輕狂過
讓那風聲雨聲
洗盡鉛華

無情一江春水付東流
老愛感嘆夕陽無限好
驚鴻一瞥那燈火蘭珊處
故人倩影不再
有朝一日
頓悟禪意
剝落滿身幸福的塵埃
淡水河畔那葉孤舟獨自擺盪

岸邊幾撮人群靜觀自得
難得閒適踱蹀
管它風雨歲月知多少

雲南印象蝴蝶夢

陽朔印象劉三姐轟動過
海灣、漁火、舞踊、海闊天空
而，雲南印象蝴蝶夢
彩霞蝶影繽紛
舞步舞姿體態繁複目不暇給
瓊樓玉宇，朔自亙古
多采多姿的民族素顏灌溉過的歷史
靈動或悸動也罷，蕩漾著陶醉

神秘的紅土高原
哪有工夫去數得清多少民族
眼花撩亂的少女服飾
令人血脈賁張與奮莫名
啊！那大理古城
那三塔的唐朝文明
那麗江的納西古樂
那洱海浩翰煙渺

數不清的驚奇，新鮮著你的心情

沐浴著高原涼爽的氣候
又闖進西雙版那的熱帶雨林裡
大象用長鼻和你握手
還用長鼻讓你盪鞦韆
還有，潑水節的狂熱禮遇
就是要把你整個淋濕
太多的手工刺繡
也讓你與起把自己的臉紋面的衝動
這就是雲南

總讓人記起，好像在昨夜夢裡
那個原鄉，似乎在哪兒見過
恍然明白我也是五十六個民族之一

詩，讓人青春永駐

從生命誕生，萬物都是詩
人類嬰兒的微笑
動物的雀躍
古老人們豐收後
不禁舞之、蹈之、歌之
都是對生命的禮讚
一種詩歌的抒懷

從感觸宇宙萬物之美
重新體會生命的成長
活力、沉潛、連綿
或喜怒哀樂，或生老病死
感嘆生命曼妙、痛苦、超越
不想探究宇宙的終極
唯有詩，讓你感到寧靜致遠

讀過中國的詩經

涉獵希臘與羅馬
沐浴過佛陀、耶穌基督、穆罕默德
看透萬古常新的歷史
發現詩歌是最古老也是最年輕
讓詩情畫意滋潤
讓詩美化心境

追求生命的永恆
不若耽沐於生活寫意
若感到有所缺憾
讀詩，讓它燙平我內心的波折
詩歌使年輕人成熟
讓燈火闌珊處的人年輕
是誰讓詩人青春永駐？

動物聽不懂的故事

聽說，這是真實的故事，只有動物聽不懂：
達爾文的物競天擇轟動過
上帝創造世界七日說席捲過
亙古以來，從單細胞到三葉蟲
從植物到動物，從兩棲到昆蟲
生命的活躍多采多姿
豐富了整個地球的風采
海豚的翻滾巡弋浪裡白濤
老鷹在高空飛翔寫出了藍天白雲的崇高
鴿子掠過大片的屋簷巡視著人間的溫暖
樹林中跳躍戲耍的猴子不懂得遠眺
地上的螞蟻雄兵只一味懂得忙祿的工作
貓狗總是日日夜夜期盼著主人的照顧
還有那屋角吐得絲絲入扣的蜘蛛
蚯蚓暗自藏在土壤下肥沃著
始終被人役使的牛馬還是被牛馬對待
只有許久以來忽視動物的可愛　以及

這個美麗世界的人們
還在那裡持續的彼此勾心鬥角爭權奪利
揮霍著耗損著這個地球走向浩劫之路

回望的心願

歲月像流金
陌生的意識層遞
成長著我
憧憬的願望總待汰沙瀝金
時光磋跎　如夢人生

總愛探討生命的終極
重複在滿足肉軀的願望
最美好的好像在昨日
瀏覽山光水色的景緻
羨慕那浮生六記

悠然度過平淡的日子
透過頻繁的幸福
時間老是勇往直前
把握不住自己的浪擲
驚覺世間生命的驟然傷逝

太多生老病死從眼前流過
喜怒哀樂衝擊人間世
終究掌握不住心裡的那把尺
韶華荏苒　驀然回首
潺潺流水聲盈耳猝然消失

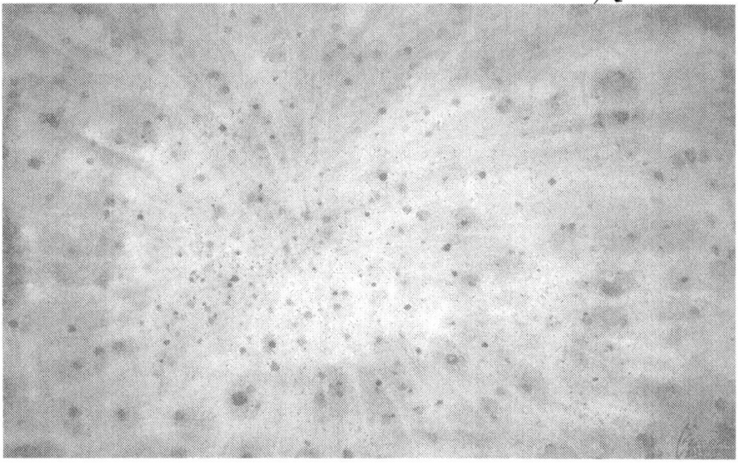

漂　流

體內燃燒的動力孕育自孩提時代
或許是窮鄉僻壤的那條河流
故居背面崎嶇的山巒和那蒼翠的印象
或許是台北萬華剝皮寮那股發霉的味道
或許一再累積的夜市喧囂市塵
或許是大稻埕淡水河岸那幾片帆影
想到年味就想到迪化街擁擠的南北貨
人聲鼎沸
曾幾何時
那個髒亂的菜市場的説書攤
成為腦海中永遠的記憶
令人想到三國演義漂流自唐山

曾經在北京后海感到那股熙來攘往
或許是鼓樓街元宋棋盤街市
流盪到台灣府城
鹽分地帶的七字詩流露著動聽的河洛話

任誰都忘不掉那是漂流自夏商周的中原
或許是泉州人或漳州人把當時的造船術
漂流過黑水溝後遺忘在原鄉
六百年前鄭和下西洋的故事
不再傳頌
曾幾何時
台灣的中小企業名揚四海回饋大陸
五湖四海的華裔倡導著儒家學說
令人想不到當代的華裔竟然光耀寰宇

飄蕩著多少代華人的心酸
宋元明清歷代披荊斬棘的先民
忍辱負重　漂流　漂流
人間到處有青山
埋骨何需桑梓地
當懷想祖先墓碑上的故鄉已經杳杳無蹤
或許是新世紀的新移民填充新血源

漂流漂流
歷經滄桑
當數位虛擬的時代鋪天蓋地而來
不論是成都的寬窄巷子或新疆的烏魯木齊
不論是雲南古早人的馬幫或台灣的原住民
不論是少數民族或多數民族都是中華民族

盼望及未盼望

偶而見過流浪狗盼望的眼神
當牠口角滴流著唾液

野貓喵喵號號聲聲
巴望著你手中的魚骨

為了生存，卑微的盼望
是牠們的唯一

當人開始懂得盼望
野心隨著智慧權勢膨脹

宇宙間最先進的物種
耗盡資源卻未能滿足慾望

為了享受，從未盼望
如何自救步向毀滅

盼望以及未盼望的，當你
為貓狗憐憫時卻忘了為自己悲哀

二十一世紀之後

二十一世紀之後誰知道就是二十二世紀？
那時的科技演進令人超越實體只有靈魂
沒有時間的概念只有永恆
太陽系繼續運轉宇宙繼續存在
地球上的萬物生機蓬勃因為無人破壞

人類進化為神
沒有生老病死
沒有痛苦快樂
沒有七情六欲

億萬年後
猿猴之中的某個系列
再度演化為萬物之靈
另一種人類再起
重新爭鬥燒殺擄掠發展科技消耗能源步向毀滅
當下的生老病死快樂痛苦七情六慾
還是做人比較有味道
不要做神

蔡信昌作品

簡介：蔡信昌一九四四年生雲林縣北港人，承父母文藝天賦，名師沈哲哉啟蒙鼓勵。早年自創畫室養家栽培弟弟們升大學刻苦自勵好學精進。現任台日美術交流展台日美協會長。台灣水彩畫協常委，台灣國際水彩畫協理事，台灣美術協會發起人理事，亞細亞水彩聯盟，中國美協、文藝協會、三月詩會等會員。曾任世界水彩大展副總裁。自二〇〇五年起至今韓國舉辦世界水彩大展台灣參展推薦人。從一九七四至二〇一〇年共舉辦四十一次個展含一九八一美國壓克力五十號作品大展、台灣美術館個展。國內外聯展肆佰餘次。一九七四榮獲峰山獎學金，一九九六榮獲中國文藝獎章。獲聘中國齊齊哈爾大學客座教授。

雙十年華

— 賀三月詩會二十周年

雙十年華春秋正盛
年輕，全身是勁
樂觀，進取處處願景
充滿著生命力，爆發力
古今英雄豪傑，文治武功
莫不，不畏艱難勇往直前
開拓，不朽豐功偉績
立德，福澤萬民蒼生
立言，永留後世瞻仰

我們這些忘年之交
嗜文，如癡的詩人
月初第一週末，同歡
數坪大貴賓室，吟唱
一邊，品嚐金門高梁
一邊，對妳品頭論足
檢視妳，寸寸心靈和欲望
只因，對妳有永恆之戀
以及，對謬思終生的愛

玉山之歌

玉山啊　玉山
您的容顏像絕世美女
唯我獨尊！
玉山啊　玉山
您的舞姿曼妙飛揚輕盈
閃閃發光！
玉山啊　玉山
您是雄壯威武的巨人
東亞第一！
玉山啊　玉山
您的身軀層層翡翠鑽石
稀世珍寶！
玉山啊　玉山
您的慈愛像宇宙深廣
溫暖我心！

註：二〇〇六重拾詩筆參加第二十六屆世界詩人大會之作品在蒙古國烏蘭巴托舉行。

時　　間

（之一）

醉臥星空悠遊億萬年
細數凡間更異興衰史
人們早歸晚渡忙生計
沙漏如梭日月滴
日換星移終未知
如夢人生霎時過
青春一覺悲白髮
人人何需常憂憂

（之二）

太空望遠數億宇宙星球
宏大偉構一數幾億光年
顯微微觀細菌分子電子
奇妙精微分秒細分不盡
飛航神速一日萬里
蝸牛瓜棚漫遊終日
天與地何其廣大微妙
人和物何其美幻如真

二○○九・八八水災

—莫拉克颱風來襲

莫拉克啊莫拉客！
妳是魔姬食人屍骨無存
妳讓數千人悽慘滅村

妳故意讓人自在生活過節
狠狠將一年的水一次倒下
妳讓山川瞬間帶走一切
殘害部落消失無蹤
妳讓人來不及哀嚎離世

莫拉克啊莫拉客！
妳無法的陰謀不再重演
妳無天的手段不再得乘

妳故意操弄　使人人溺已溺
狠狠破壞　使人凝聚愛心
妳剷除山河　使人同心協力
殘滅山村　使人含悲重建
妳鯨吞俗世　使人關懷新生

福島大震的反思

── 禁核．速建綠能永續發展

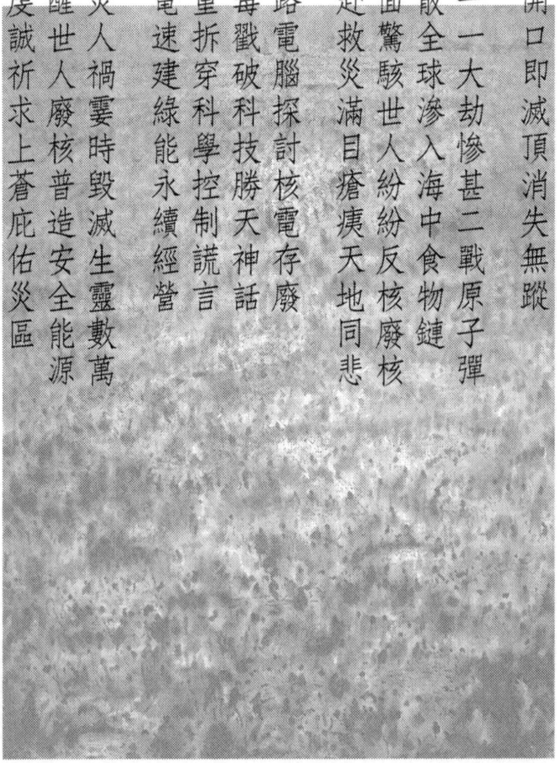

天崩地裂大地震芮氏九級
撕碎東北福島核災震驚世界
大海嘯瞬間吞噬數萬居民房舍
來不及開口即滅頂消失無蹤

日本三一一大劫慘甚二戰原子彈
核污飄散全球滲入海中食物鏈
殘忍畫面驚駭世人紛紛反核廢核
各國趕赴救災滿目瘡痍天地同悲

全球網路電腦探討核電存廢
萬年巨毒戳破科技勝天神話
核災慘重拆穿科學控制謊言
揚棄核電速建綠能永續經營

巨大天災人禍霎時毀滅生靈數萬
亡者震醒世人廢核普造安全能源
讓我們虔誠祈求上蒼庇佑災區
早日脫離苦難重建和樂家園

後記：二〇一一年臺日美術交流展第三十七屆，本人去年接任會長。日本三一一大震，本人捐六百美元賑災。

春到人間

春到人間
像暗長的黑夜一道曙光
微亮一分一秒擴展
黎明終將到來

春到人間
像久旱大地巧適逢甘霖
萬物欣榮同享滋潤
願景千里重生

春到人間
像心儀的情人初允受邀
怦怦心頭滿懷喜悅
湧動浪漫情思

春到人間
像後母面天候忽冷忽熱
是你萬物之靈搞炸
節能減碳可解

又是一年

春風吹來遠方的懸念
夏雨淋濕身靈
秋林愁亂層層的思緒
冬雪猛阻往探
春風夏雨秋林冬雪
日日如鐘運行
跨年倒數十九八七六…
傳來春的腳步
唉！又是一年的到來

飲春酒

來來趁那花燈繽紛時節
飲一杯青春年代
喝一口熱血滿腔英豪
來來趕那春華滿山飛舞
飲一杯青壯時光
喝一口悟道豁達胸懷
來來詩友揮別俗世
暢飲人生旅程
笑歌纏綿悲歡離合

愛的呼喚

醫生都說　年輕的他已成植物人
眾多跡象　顯示永遠回不來了
不捨啊不捨　青春的生命正盛
親人同學　接力在耳邊呼叫訴說
喜笑怒罵　不斷的說不絕地叫他
呼啊喊啊　你回來我們都在等你
日日夜夜　千呼萬喚永不放棄
聽到你就眨一下　聽到你就動一下
慢慢的微微的　回應有了欣喜萬分
更努力更確信　相信他能醒能醒
一點一滴的　知覺奇跡發生了
歡天喜地　慶賀醒來了醒來
齊心助學　愛的呼喚顯靈

後記：近年清華大學某學生因車禍成植物人，家人與同學不捨日日夜夜輪流照顧喚醒，終於奇蹟發生並為其助學又回到大學生涯令人感動。

永垂不朽的一幅畫

不論是寫實或抽象
凡是畫者嘔心瀝血的
一筆一劃地把真情揮灑
涵養精氣百尋構思
擬籌佈局精準極具
大刀闊斧遠近疏密分稀
寒暖色系互相輝映
統一中求變化不相尅制
色彩均衡賞心悅目
品質善美佳構情意真
賓主盡歡是嘉宴席
急難救助把畫拍賣
救苦救難我畫先行
即是精心佳構好畫評
經年累月越沈越香
歲有上百是寶貝珍藏
年逾上千成稀世國寶

後記：以上為自己繪畫生涯之終極目標。

變與不變

樹梢數過多少春夏秋冬
它依舊聳在山巔威風獨立
世間走過多少男女老少
它依然陸續不斷生生不息

花開花謝劃過多少寒暑
它依舊佇立山野嬌艷獨賞
世界經過多少戰亂飢荒
它依然陸續不斷舊事重演

不知不覺走過幼少青壯關卡
充滿信心依舊努力進取
雖然世事變幻無常飛奔而去
依然如昔奮戰不輸青年

刻苦自勵走過開花結果的進程
享受果實累累如豐盛的晚宴
雖是好事多磨九彎十八拐
雲開見日嘗盡人間甘苦與喜樂

偶得

小身子　天旋地轉　像一片枯葉
飄盪　在浩瀚宇宙中　昨夜繁星
化成　萬千鳥鳴驚醒　閃閃晨光
我卻在陌生星際　夢遊千萬年

春天的腳步

春天的腳步來了
植物花草紛紛吐露嫩芽
撥開深鎖心靈見日
妳的臉朱唇微揚
閃現希望之光

春天的腳步來了
花兒爭奇鬥豔
急欲一吐衷情
綿綿愛意傳遞不絕
前程欣欣向榮

秋

金黃的太陽帶來了你
黃橙橙紅豔豔的噴灑開來
世界醉成一片燦爛
狂想愛戀留連忘返
管他是日是夜一切歸零
浪花捲走滿腔憂憂的愁緒
還我自由逍遙的人生

與春訊有約

新芽吐露是愛戀的初嘗時
放眼黃嫩芳草有妳的倩影
舞動裙襬飄飄然似仙女
讓人回到純真的時光
春訊有約滿心祈許
煥然清新的願望悠然而起
大地逢甘雨而甦醒

飲水遐思

飲一口清泉沁入心清氣爽
直衝腦門全身舒暢
彷如懷抱佳人神飛意揚
春心盪漾魂遊太虛

猛一飲清泉瞬間通體暢快
五經八脈穿梭澄明
彷如擁著美人飛奔馳騁
同赴交歡盟誓永恆

啜一口清泉緩入唇齒回甘
清嫩可口欲語還羞
彷如夢中情人依約降臨
香願得賞心花怒放

熱

在強燈下急書
在烈日下行走
汗水順流而下

躺在炕上脊樑冒著氣
穿上雪衣在冰原爬行
全身汗流如雨

昏倒在地身上濕濕的
臥在病床上額頭冒汗
全身發燙不省人事

人真是奇怪封閉四周大開冷氣
人也很自私砍伐森林破壞平衡
大嘆天公怎麼這麼熱？

天候像搖籃搖來搖去
有地方太冷就有地方太熱
環境平衡有賴人類智能

寄語真誠

誠心誠意祈求想望
無私無我衷心祝福的友情
眼眸輕輕瞄過直覺的靈感
是的　表裏如一的真誠
春風吹拂傳遞
隨風寄語的真情

真心真意的堅貞不移
忠誠專一純真的愛情
無怨無悔天長地久的戀愛
是的　言行一致的赤誠
夏雨輕飄傳送
隨雨寄語的真情

實實在在的日月為憑
信守諾言永遠不變的癡情
靈宵微微開啓直覺的感動
是的　身心如一的專誠
秋蟬輕鳴傳遞
隨聲寄語的真情

真真實實的山海為盟
赤膽忠心永誌不變的戀情
不求回報永世不忘的情愛
是的　身靈一致的忠誠
冬陽普照傳送
隨光寄語的真情

舉世震驚之一
—— 賓拉登挑戰霸權

賓拉登下令二〇〇一年九月十一日
晴天霹靂挑戰世界霸權
瞬間炸毀巨人左右手
無視千萬倍威權勢力
以空前絕後的方式
在全球網路公告
是我賓拉登幹的，蓋達組織
更將在世界各地發動「聖戰」
誰是賓拉登、賓拉丹，蓋達組織
全球各個角落霎時草木皆兵
美國佈下天羅地網緝殺賓拉登

舉世震驚之二
—九一一恐怖攻擊

電視上突然飛機撞大樓爆炸
一次一次又一次重覆播出
先以為看錯，廣告？再仔細看
一時反應不過來，直到字幕
出現，紐約大樓遭飛機轟炸
啊！大家嚇一大跳！如真似幻
煙霧迷漫爆炸升空崩毀
啊！恐怖、誰都沒想到
是誰、是誰，舉世震驚！
十年前九一一恐怖攻擊
賓拉登指令，恐怖又令人驚嘆！

註：二〇一一年　月　日凌晨美國在巴基斯坦，擊斃賓拉登等身邊的人，
恰好是美國遭九一一恐怖攻擊十週年以慰萬千亡魂。

盼　望

盼那蟲在嫩葉
翠綠汁液滿口生香
羽化成蝶舞花弄卉樂悠遊
盼那魚在江海
水清澈食多源豐
翻飛滾躍任我行樂逍遙

盼那鸝鳥常歌
跳躍樹叢花草間
飛揚成雙偶攜子樂悠遊
盼那獸群馳騁
曠野大地繁饒盈
奔逸絕塵任我行樂逍遙

願我宇宙空間
運轉年年平衡無異
萬物生機活現同生共榮
願我地球環境
逐項改善潔淨無污
動植物自在繁衍生生不息

酒香飄過

願我人類情感
唇齒相依如兄似弟
急難相助禍福與共同享太平
願我萬物同生
尊重彼此生存權益
互不殘殺永保留傳世世同樂

※ ※ ※

酒香飄過傳說中盤古開天闢地
舉杯共享信仰上帝創造宇宙人類
月球上阿姆斯壯說：我的一小步是人的一大步！
地球上電腦網路視訊 E-mail 信息通行無阻
煙火齊發東方睡獅醒了
二〇〇八北京奧運展現復甦之象
香聞早發歐美生態破壞災禍連連
杯中倡行生活綠化節能減碳反璞歸真

文　林作品

簡介：文林，本名林文俊。國立政治大學畢業，美國密西根州立大學教育碩士。中、英文教師。曾任教國立台灣師範大學、德國杜賓根大學、美國明德大學、博敦大學、史丹佛大學、泰國普林國際學校及國內各補習班。現旅居印尼，任教彼得拉基督大學。著有詩集《文林短詩選》。

望福興歎

就在對面
泰北最高的山——因他儂
顛峰岩石　歷歷可數
應該一蹴可即
卻相隔　萬丈深谷

傳説中的聖山
攀上岩頂　便蒙庇佑
今在眼前　卻難躍過

是日後再來
還是就地祈求
可否念一片誠心
先降微福

心心相對

信徒：

三十年已過
每日天明便備上供奉
恭候黃金隊伍駕臨
佛祖慈悲
何時降福
圓我十年前之心願

小和尚：

三年已過
父親仍臥病在床
當年許願
出家侍奉一年
佛祖慈悲
早日降福
父親得早日康復
小和尚早日還俗

西　風

那天
一陣微風
輕輕的　柔柔的
皮膚吹得更細
頭髮吹得更順
花　也笑了
只想盡快的迎著風　跑去
擁抱風中的溫馨
不笑都困難

昨天
一陣強風
熱熱的　辣辣的
吹來了心跳
吹出了汗水
花也昏睡了
人也倦了

只想衝破熱浪
如花朵般安歇

今天
涼涼的　刺刺的
是山風
還是海風
吹走了詩意
也吹走了詩集
吹走了回憶
也吹走了幻想
花　也被吹到院外
伴著幾片黃葉
原來
起了秋風

酒耶　醋耶

有人說
衣要新　鞋要老
魚要鮮　酒要陳
爺爺釀的酒
父親傳給了我
一開
居然是醋

三月二十年

那年早春
我雙十年華
你初到人間
如今
你也雙十
我已不惑
是　我伴你
還是　你伴我
一同渡過最美好的二十年
但願
還能攜手
渡過未來的二十年
更盼望
能一起慶祝
我的百歲　你的千年

如果是真的

主席的手
吸取全場的眼光
即將揭曉
最優秀詩人

剎那間
爆出滿堂的掌聲
我的名字
蹦出主席的雙唇

取代主席的手
焦點是我的臉
眾人的驚訝
給我更多驚喜

上台領獎的召喚
提醒我一振雙臂

撥開四周的恭喜
迎向桂冠的光輝

砰然一聲　把我驚醒
還帶來老妻憤怒的質問
你把鬧鐘打下床
為什麼還揮我一拳

鴨　約

秋已深
仍不見芳蹤
如今　在何處

每年此時
都已悄然而至
在泥中覓食
在草中安歇

多少望遠鏡瞄準
多少攝影機等待
朝向高雅的巨星
屏住呼吸
捕捉一剎那的妙影

而今
你在何方

望遠鏡　早守候多日
攝影機　也等待多時
癡癡朝向天邊

是　濕地太乾
還是　沙灘太小
是　河水太髒
還是　怕人偷襲

這是頭一回
你失約
是　誰的錯

秋　約

別去啃蟹了
河邊賞鴨吧
去年他們答應
今年再來

該問他們什麼
北國風情
還是南國觀感
他們要休息吧

沙洲　一天比一天小
濕地　一天比一天髒
明年
還會再來嗎

伊斯蘭之禱

天不亮
喇叭就響起
喚醒睡夢
也喚醒靈魂

但
一天五次
是睡夢太沉
還是靈魂難喚

有教有類

— 在印尼

你是人
必須有教
你是華人
怎能無教

不信耶穌
又不信佛
必是孔教
孔子　哪個華人不信

何必稱奇
夫子之師老子
不也被稱
道教之主

無教有淚

你不信神
你是共黨
只有共黨才無神

酒

有了酒精
清水變雞湯
化作腦汁
又滴出字字句句的結晶
有人稱之為
詩

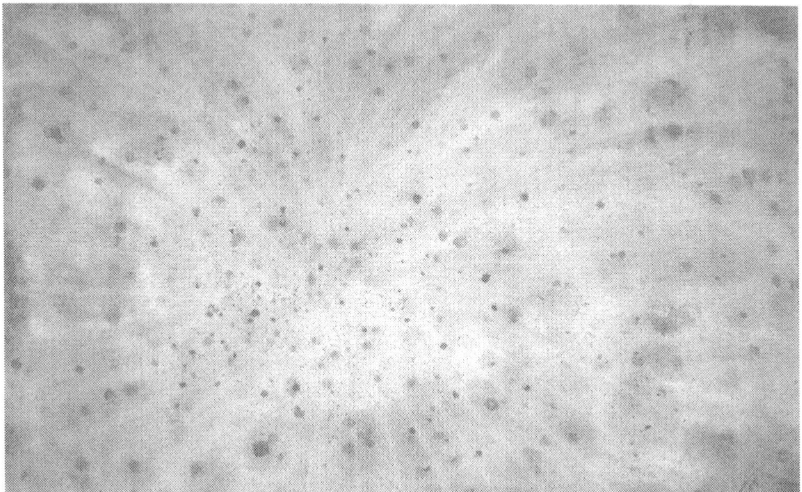

兒童天堂

誰說
美國是兒童的天堂

難道不知
印尼小孩的幸福
眼鏡少
考試更少

更嚮往
是鄉村
上學兩小時
放學沒功課

我　為時已晚
你們　別錯過

每日一雨

今夜
老闆又不回家

一陣大雨
積水過膝
豪宅區
成了孤島

若是
水溝　略清
垃圾　略少
或可讓孩童
每日戲水
我亦可
日日濯足

漂流木

都是無家的棄兒
無奈的流浪
沿途盡是咒罵
怨我們阻塞了河川

都是無家的棄兒
漂泊出不同的命運
有人被撈起
送進柴房
有人被揀出
做成根雕

都是無家的棄兒
相同　是漂流的無奈
不同　是被選擇的命運

蛇　怨

我不想來
是你們偷拉著我

樹洞是我溫暖的窩
你們卻把我整個家搬走
扔我在鼠災的倉庫
我還幫你們捕鼠

家
已被你們鋸成木材
如今
鼠也滅了
你們竟忘恩負義
把我賣給別人進補

酸豆腐

全世界都有豆腐
為何
印尼老做酸豆腐

是　愛吃醋
還是　摻了酸雨
難道是
自歎命苦的工人
掉進的傷心淚

變與不變

牆裂了
墓碑多了
神父換了
信徒也換了
那悠揚的鐘聲
永遠不斷

頭髮花了
皺紋多了
走路慢了
說話也慢了
母親的愛
永遠在我心中

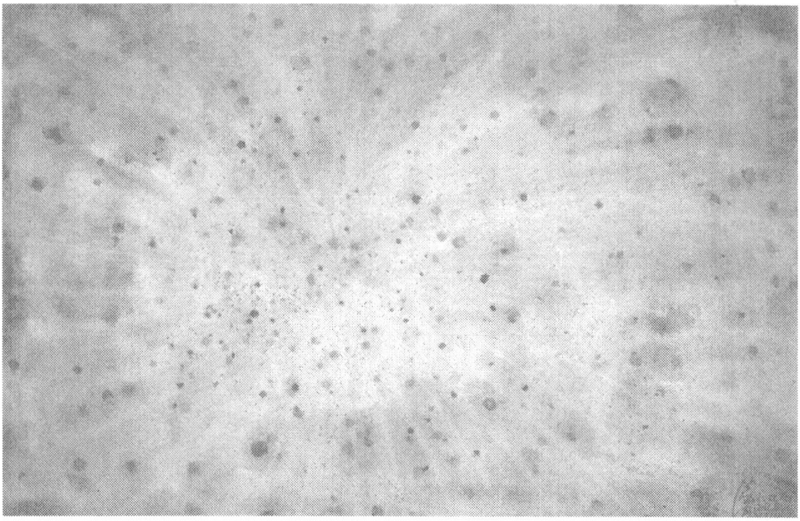

關　雲作品

簡介：關雲，本名汪桃源，一九四九年生，湖南茶陵人。空大肄業，曾任《谷風詩報》主編，中國詩歌藝術學會副秘書長。已出版《夢在星光下》詩集，《在智慧邊緣的孩子》散文集。

滄桑人生

— 殘障機構接觸殘友有感

滄桑人生
我的路
一步一步
走得萬分艱難
怎麼走，總是
無止盡的糾纏
纏著我而生至死

我曾以一顆顫抖的心
被包覆於愛和關懷
企圖在新的學習環境中
尋回我失落的自我

啊啊！凡生命經過燃燒後
都各有其「部分」的美
惟有面對自己
活得更自在和快樂
便是對生命最好的回報了

泳池畔驚魂

室內的游泳池
仍舊藍得透明
本身是旱鴨子
不敢下水

十年前老媽體力尚可
來回可游十數回
多年前中風
如今只能忘池興嘆

那日她心血來潮
竟然悄悄下水試溫
只游不到幾公尺
體力即呈現不支

我們發現
趕緊拉她上岸
僅僅一場虛驚
嚇得我淚眼漣漣

賞鳥有感

我一直站在牠們面前
靜悄悄不驚擾牠們啄食
我在內心悄悄告訴自己
這趟牠們才是主角

欣賞牠們沒有別的理由
因為牠們和我有共通點
我們都不喜歡熱鬧
大自然才是我們的選擇

我羨慕牠們自由的遨翔
在很高的安全的樹的頂端
茂盛的葉子是
牠們遮風蔽雨的傘下天地

牠們的視野無限寬廣
不像我們人類
總為一堆芝麻大小事
吵成一堆沒完沒了

撫狗趣事

騎樓好心人餵養了兩隻狗
一隻鼻　乾且無神，我叫牠
老黃，牠不屑理睬我
只趴下著瞄了我一眼
另一隻黑色的，我叫牠
小黑，牠也不鳥我
只微微起身，對我
咧嘴張牙

我以溫柔的手
想要靠近撫摸牠們
沒料到引發牠們
不安的情緒
突然竄起作勢攻擊
嚇得我跌個兩腳朝天
笑掉旁觀鄰居大牙

花蓮真是個好地方

花蓮真是個好地方
人人笑容掛臉上
問路，不必擔心碰到金光黨
麻薯，是來此一遊返家時的扮手禮
摩里莎卡，是夜貓頭鷹清唱的搖籃曲
我童年的故鄉啊
環境優美如桃源仙境般

在冬季，我只穿單薄一件卡其服
當年的迷你小學仍未拆
成了阿美族人的房舍
返花蓮時務必再去摩里莎卡
我那時的小學課桌椅還在
東倒西歪的
彷彿我們回到童年的時光

彷彿我們回到童年的時光

上課趴著打瞌睡
老師的關公臉
手上的藤條準備好
斥責一聲，嫩嫩的小手
就嘗到竹筍炒肉絲的味道

每年五月一日
我們恭迎媽祖大駕
鄉民們總動員
家家户户擺上流水席
各個歡欣鼓舞
臉上掛著滿意的笑容
啊！我的故鄉
花蓮真是個好地方

註：摩里莎卡係日本語「林田山林場」。

幸福車站

幸福車站
我們終於抵達
看，月台上
滿滿歡迎我們的觀眾

在聲聲祝福的音樂聲中
我牽著妳的手
緩緩往前踏步
接受兩旁熱情的歡呼

儘管這一路上有風有雨
更有無數艱難的考驗
但都無法抵擋得住
我們金石般的意志

幸福車站
我們終於抵達

往後我們還要繼續牽手
走更長遠的道路

後記：參加國劇班一位好友兒子的結婚典禮，有感。

千禧年之盼

千禧年之盼
盼　二〇〇〇年
全球的冬陽
持續為我們注入
溫暖　請收回
於事無補的呻吟
莫名其妙的愁悵
只要好好的活著
所有的寒冷　陰霾
都會成為過去式

感悟軀殼在靜默中的
通靈　所有匆匆的生命
穿過掌中的季節　皆
紛紛揚揚　且
讓亮麗和燦爛
日夜根植於
彼此的心田

心情絮語

走不出迷亂的思緒
走不出生活的死巷
走不出　走不出
一天比一天更痲木
刺痛的眼睛流出淚液
不知是否有白內瘴的毛病

在庭院漫步著
突見一隻蝸牛
自佈滿青苔的石椅邊
不疾不徐的爬著
牠優雅的步伐讓我體悟
人生是否該放輕鬆一些

茶　香

茶香　裊裊
氤氳了整個廳房
讓人感受到
一股安定的氣氛

生活太忙碌
日子太難熬
暫且放下一切
享受這難得的片刻

春酒的帖子

春酒的帖子
如不速之客降臨我信箱裡
去與不去之間
突顯尷尬與不安

久未聯絡的文友們
會笑出春日的解語花嗎？

金風送爽的季節

金風送爽的季節
來到寂靜的庭院
看蝶與蝶們緊擁著
吻著並吸飽花蜜的滿足感
午後睡醒的蛙們
享受並靜觀著
風們在談情說愛

此刻　大地萬物如此和諧
把握當下美緻
傾聽風們款款絮語
漫步亭院的同時
隨興坐於石椅
周公邀我作黃粱美夢

年華漸老

年華漸老
想不起以前
是如何的浪漫

仰視　天空飛鳥
真希望　也能像牠們
在寬廣天地間翱翔

但想想自己
一天得吃三餐藥
一股悲涼上心頭

想起了那一個有月的夜

大地之美呀　我在放下
白晝雜陳的忙亂時
唯有入夜偶然看到　皎皎的明月
從生命的谷底逐漸地調整　以及
低潮的每日生活裡
再度仰首　瞧見金色的笑臉
那便是滿月圓給了我
時刻的啓發和充電

台　客作品

簡介：台客，本名廖振卿，一九五一年生，台灣省新北市人。國立成功大學外文系畢業。現為《葡萄園》詩刊主編，中國詩歌藝術學會常務理事。自大學時期即開始寫詩，迄今已近四十年。目前已在兩岸三地出版有詩集《與石有約》、《星的堅持》、《台客短詩選》等十一部。詩論集《詩海微瀾》一部，散文集《童年舊憶》一部。主編《百年震撼》（台灣九二一大地震詩選集）、《不惑之歌》（葡萄園詩刊四十周年詩選集）、《詩藝拾穗》、《詩藝浩瀚》、《詩藝天地》、（中國詩歌藝術學員詩選集）、《三月采風》（三月詩會二十周年詩選集）共六部。

一群種詩的人

— 賀三月詩會成立二十年

一群種詩的人
他們急急忙忙的
趕在天黑之前
不停地不停地努力工作

他們對詩是如此的痴情
他們對詩是如此的嚮往
從年輕到年老

甚至不知大去之將至

他們對詩是如此的堅持
他們對詩是如此的迷戀
二十個年頭過去了
始終不離不棄不散

啊啊！這一群種詩的人
他們把星星種成太陽
他們把寒冬種成春暖
他們也把自己種成了偉岸

初識愛琴海

初識愛琴海
在一次秋季的旅途中
土耳其西部的海岸線上
一大片一大片的蔚藍

蔚藍的天，蔚藍的海
藍天中飛翔的鷗群
碧海中航行的遊輪
還有大大小小忙碌的船隻

在蔚藍的天空底下
它就像一面超大明鏡
映照著群樹山巒
映照著你我內心的世界

二十二世紀

二十二世紀
不止我們這些老傢伙
骨頭早已難覓蹤跡
即使是他們兒子的兒子
或許都已從人間消失

二十二世紀
如今早已千瘡百孔的地球
或許更加變得像螞蜂窩了
極地冰山擠擠撞撞四處流浪
人魚鳥獸屍體堆疊成亂葬崗

二十二世紀
外星人乘著幽浮而來
他們成群結隊占地為王
氫彈死光槍是他們的武器
國防部長率先跪地投降

二十二世紀
原本默默無聞的
那位蕃薯島詩人
他生前的一本詩集迅速竄紅
一時洛陽紙貴讀者爭相傳誦

神豬的告白

餵我、灌我
以最好的美食
只期盼我
早日長大
越長越肥
肥到無法走路
肥到無法動彈
只能躺在狹窄的圈舍內
吹著電扇
艱難地
大口大口
呼嚕嚕地喘氣

終於，我的
大限到了
那天你們把我五花大綁
幫我秤著重量

然後，燃放大串鞭炮慶祝
（恭喜我獲得了一等獎）
然後，幫我放血
開膛剖肚
送上展示架遊街示眾
最後，運到祖師廟前廣場
接受萬民觀賞歡呼
取悅神明？

帽子飛走了

帽子飛走了
飛向遙遠的宇宙
飛向遼敻的虛空
飛向「一道彩虹」

曾經，那是一個
帽子滿天飛的年代
舞台上帽子發光發熱
人人爭搶看帽子飛呀飛
當「掌聲響起」時
請你一定要「好好愛我」
你是我的「心肝寶貝」
我送你一份「愛的禮物」

帽子飛甜美清脆的歌聲
最終穿越千家萬户

飛入你我的心中
飛入全體華人的世界
而如今帽子飛走了
「祝你幸福」的歌聲不再
只留下滿滿的遺憾
與萬千歌迷心中的不捨

註：詩中「」皆為帽子歌后鳳飛飛的成名歌曲。

軛，終於卸下
——退休感言

軛，終於卸下
那頭老牛
輕輕地噓了一口氣
仰頭望天

回首來時路
有時風雨有時晴
一位曾經英挺煥發的青年
如今已是一位鬚髮皆白的老者

日子的田畝就這樣
日日夜夜不停耕耘
從白天到黑夜，從春夏到秋冬
如此過了多少年？

一頭終於卸下苦軛的老牛
悠然地躺於樹蔭下
望著天邊將落未落的夕陽
想著如何安度的晚年

夜航達達尼爾海峽

夜航達達尼爾海峽
海面上一片漆黑
惟有迎面寒風刺骨
遠方萬家燈火閃爍

夜航達達尼爾海峽
體驗一趟跨洲之旅
短短不到半個時辰
我們已由歐洲抵達亞洲

夜航達達尼爾海峽
晚風中似聞鬼魂啾啾
一萬餘名攻守士兵
一次世界戰役中命喪於此

夜航達達尼爾海峽
贊嘆一個美麗的國家
像一條鎖鏈緊緊拉住
東方西方兩大文明的碰觸

走入平遙古城

走入平遙古城
走入一條奇幻的時空隧道
一座座高聳的城牆猶在
獨不見當年戍守的衛士

一輪千古明月依稀照著
城中四方街的一景一物
一座座古色古香的建築
一群群熙熙攘攘的人物

「噹」的一記鑼聲：「小心火燭」
就把時空拉回千百年前
幾位老外好奇地比手劃腳
竊竊私語從我們身旁走過

縣衙署、城隍廟、清虛觀
如今早已束之高閣

九龍壁、魁星樓、櫺星門
猶緊緊吸引遊客的目光

一個個的燈籠高高掛起
一串串鞭炮歡樂地炸響
這是一年一度的中秋
古時的明月依舊照著今時的人兒

走入平遙古城
走入一條神秘的時空隧道
我們有幸做了一回今之古人
感覺幸福而愉悅

二〇一一年中秋節

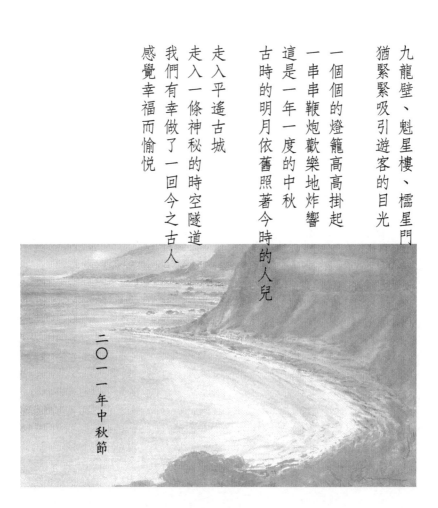

這是甚麼動物

這是甚麼動物
世上從沒有人真正見過牠
但無人敢否認牠的存在
因牠時時在我們左右

傳說中牠會騰雲駕霧
傳說中牠來無影去無蹤
古時候牠是威權的象徵
如今牠依然熠熠耀目

甚麼人都喜歡牠
每個人都想和牠攀上關係
君不見每當生肖年輪到牠
總要多誕生些ㄨ子ㄨ孫

其實在遠古地球上

牠是真正存在的那些恐字輩的牠的子子孫孫
曾經一度霸佔主宰整個地球
牠們是如此的神秘牠們又是如此令人好奇
千百年來人們不停探索研究
這是甚麼動物？

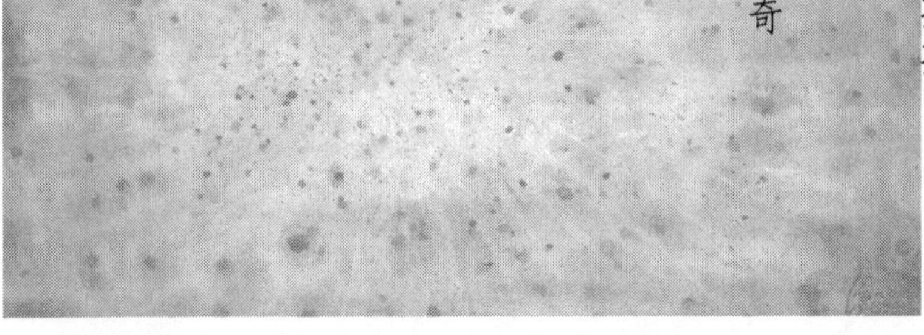

漂流木傳奇

曾經在高高山頂之上
我是一棵大樹的肱股臂膀
日日迎著朝陽觀覽群峰
夜夜聽山風怒號林海颯颯

一次超大颱風來襲
我竟被吹折倒地
幾經翻滾跌落溪谷
復被滔滔洪水沖到大海裡

大海茫茫濁浪滔天
我被一次次摔落捧起
直到最後體無完膚
躺在沙灘上奄奄一息

一位有心人士尋尋覓覓
千辛萬苦把我扛回家中
一番辛苦雕刻打磨
我終於修成正果被請上供桌

在那個狂風呼號的夜晚

── 哀那架救人墜海的海鷗

在那個狂風呼號的夜晚
星星與月亮，全嚇得
躲入雲層不敢露面
浪，一浪比一浪還高
夜色如墨的海面上
你來了，遠處一點閃爍的亮光
帶給多少人以希望
啊！慈航天使，哪裡有災難
你就往哪裡奔忙
像聞聲救苦求難的菩薩
而此時，發狂的東北季風
吹得你不斷顛簸搖晃，一次
更大的風切，終於
把你重重打落摔跌入海裡
五位英勇的勇士，來不及
發出一聲驚訝的嘆息，從此
與海流為伍，夢，跌入深沉的海底
悲傷啊！留給活下來的人
他們沉沉睡去，不再醒來

寒冬裡的一股暖流

— 贊丁祖伋先生的「彩巾揹母就醫」孝行

寒冬裡的一股暖流
讓人感受到溫馨的氣息
久不聞矣！吾人
早已生活在冰冷的世界

四方形框框裡每天傳來
令人不悅的消息
不是爾虞我詐就是打打殺殺
甚至連骨肉至親也加入戰局

當人們的情感早已痲木
社會道德淪入無底深淵
而你卻以雙手一把將孝道抱起
抱起，多少人的感動與嘆息！

後記：丁祖伋先生以彩巾揹母就醫畫面，經一位女士以手機拍攝上傳網路，引起瘋狂點閱及回響。稍後，電視及報紙紛紛接續報導。

春　雨

伴著聲聲驚雷
乘著陣陣和風
春雨淅淅瀝瀝
緩緩自天空而降

潤濕了草木
染綠了山崗
也同時澆醒我們
久窒乾涸的心靈

望著逐漸抬起頭來
田中枯萎的禾苗
老農夫久鬱的心
終於舒展開來

春雨貴如油啊
一滴一滴下在
廣袤無邊的原野
下在我們喜形於色的臉上

三寶井懷古

六百多年前
一支遠來的東方艦隊
曾經在此登陸
一時人馬雜遝、旌旗飄揚
蔚為馬六甲古國的盛事

六百年後
歷史沉寂得只剩下
這麼一口古井
每天空對夕陽與荒塚
任人憑弔與流連

註：三寶井位於三寶山旁，三寶山上荒塚累累，共埋有一萬二千多名華人屍骨。

陳福成作品

簡介：陳福成，祖籍四川成都，一九五二年生於台中，筆名古晟；法名本肇居士。陸軍官校四十四期，復興崗政研所畢業。經歷野戰部隊各職十九年，台灣大學主任教官退休。目前任空中大學兼任講師業餘寫作、鑽研「中國學」，並參與各類文武社團近三十個。已出版國防、軍事、兵學、詩歌、小說、政治、管理、翻譯等各類著作六十餘冊。

山西芮城行 五首

塔院寺轉大法輪

光陰把我們
打得
像一隻陀螺
向何方

一陣風吹我們到五台山
轉動生命的法輪
盪漾著歲月的彩霞
瀲灩的光影中
看見了自己輪迴轉世而來

終點在哪裡
繁華落盡的明天
誰看得見自己的容顏
如珠圓玉潤

此刻，您是否明心見性？

運城鹽池廟

微風在細雨中
窸窸窣窣的嘆息
為什麼？人的無心
神去廟空
廟也荒蕪
風勢陣雨以趨強的批判力道
何樣理由？
叫千歲神廟任其在神州大地
衣衫襤褸
呼救無門

後記：二〇一一年九月間造訪運城鹽池神廟，見千年古蹟，任其荒蕪，甚為可惜。

芮城逛大街

下午，幾隻悠閒的鴿子
逛芮城大街
任由一顆心隨意飄散
飄成心花朵朵開
街上熙來攘往的
朵朵花兒微笑

迎面而來的
呂洞賓、人民花園
縣政府十六層大樓
鄉親父老
街角打牌下棋的老者
我們容顏共一色
同一個母親

不需翻譯　我抓得住他
他了解我　微笑中
陌生的臉孔瞬間熟稔

過中條山

從小我看你，你沒看我
冷冷的
經過很多年
我週遊列邦異地
背包裝滿半世紀疑惑和風霜
因緣際會經過往昔夢境裡的中條山
久遠的呼聲，愈來愈近
走進一看，你正大興土木

山中空氣新鮮
我等小憩

想狩獵一方風景
可惜山色有些老
皺紋太彎又太深
人們只好積極造林
開挖中條山隧道
過些時日再看
你是一座鬱鬱蒼蒼的不老青山

在那遙遠的地方

從小曾在胸中迴盪
隨時間成長的漣漪
如夢的曼妙國度
孫龐鬥法
孟子為梁惠王講經（註）
那法益，永恆不絕
那遙遠的地方　不遠

因為我從小聽得到那聲音
再遠，不過幾十公尺
如今　故事鮮活再眼前
我驗證了千載夢境的實景

註：山西省芮城縣一帶，戰國時代是魏國領土範圍，歷史上孫臏與龐涓鬥法，孟子和梁惠王的利義之辯，應距芮城不遠，或就在該縣境內。

以上發表葡萄園詩刊一九二期、一八九期

三月詩會春秋大業十八年五首

叫他們都活起來

那些風風雨雨
那些點點滴滴
如今在歷史長河中
躺成一塊零碎的化石
我得慢慢挖出來
考證、重組、比對DNA
喚醒
叫他們都活起來

一個不能少

我一一撥開深邃的時光隧道
在每個幽暗的地質年代
把他們找出來

一個不能少

註：「一個不能少」，是大陸拍的一部電影，很感人。

三月有詭

以前三月最紅是三一九
後來被挾殺　如一隻受傷的土狼
逃向對岸

三一九紅了幾年
早被丟棄在歷史的灰燼中

但，我們的三月永遠是紅的
一開口就燃燒
焚修成詩　花開滿天

給三月詩會先行者

您們神魂去了極樂國度
您們的春秋大業　及
創業精神
永留春秋史
亂臣賊子懼
您們已是一枝永生的春秋筆

快樂慢活的三月

已經六月了，我們仍詩吟三月
就算九月、十月……
也是三月的思念
這樣好
我們歲歲年年在三月

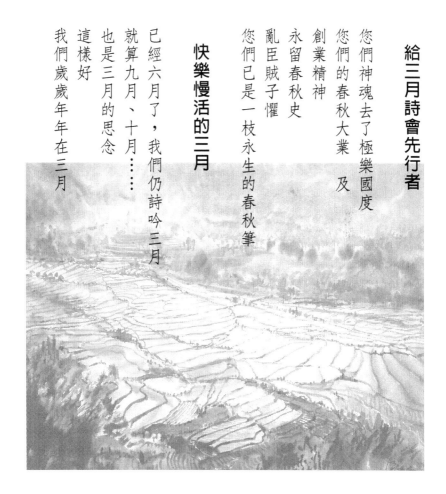

每到這一天
我們圍坐在一起
先是把一桌山珍海味
貢給諸天眾神
以蘊釀詩意

接著圓桌論道的過程和平理性
個個快意飛揚
散場時笑談妙論的口
都張成被喝得光光的
空酒瓶

以上發表於葡萄園詩刊一八七期

四川行四首

風是一種情

一下飛機
精神好爽，人與奮起來
滿面春風
原來，來迎接的風
情牽一生一世
風輕輕的吹
多情的眼睛吻得濕潤

這種風
獨一無二
氣象局無法分類
啊！鄉親的熱情
是甜的

四川菜

一盆盆熊熊烈燄
在桌上燃燒且燎原
人人吃得一肚子火
High 到最高點　High 翻天

那洄游的鮭魚
隻隻用熱情的火勢
把鄉愁
全都蒸發了
不見了

鮭魚解鄉愁

這條河總是乾涸時多

有水時，我仍是一朵寂寞的雲
岸邊一叢叢雜草吵著要喝奶
有的吵著要根
都說他沒有根又沒母奶喝

烏啼之歌再怎麼聽
仍是悲涼的
因為那些鳥種、魚種、人種……
有的吵著要東行，有的要東行

而我知道，只要出了海
就能找到母奶，找到根
能解饞又能解愁

夢中「解夢」

說不上來在何種季節

常有淡淡的愁緒
亂飛，如幻
五十九年了
我總未忘記先人說的故事
五十九年，人生很短
歷史很長，歷史更重
最重的文化和血緣
但不論千噸萬噸重
我能承擔　我願承擔

重慶大轟炸
成都機場烽火漫天
仍在夢裡
現在我急著「解夢」
看看故鄉是怎麼樣？

以上發表於葡萄園詩刊一八五期二〇一〇年春季號

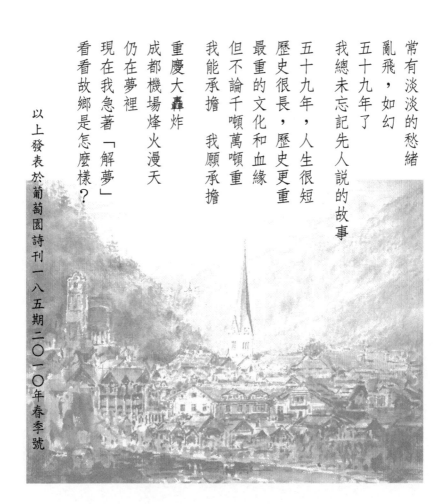

小　詩五首

夢之誕生

我出生於時間的第一個啼聲之前
將會活到空間塌陷後
當天地都毀滅
我為他們彈奏晚安曲
然後，為自己的壽誕寫頌詞
「壽超天地」

長壽
我才能與萬物齊飛
讓夢展翅飛揚
我無所不在　無所不現
白日夢　最快樂
夜長——夢多多
最美

古今如夢　人人在做夢
人人為我檢驗——夢是什麼
真與實
永恆

茶的一生

一輩子哺以
春霖夏雨
秋高氣爽
偶有補冬　都為
布施
給可口渴的人

口紅

能改變一顆星球的標幟顏色

快速兌換出另一人種所要的
陽光　空氣　水分
以吸引一顆炙熱的星球
產生磨擦生電
利於孕育新生物種的
一種古老珍貴元素

長髮記

驚聞
讓滿山飄揚成千里青色的脈動
可以推翻封建腐朽
顛覆金字塔的上層權威
收納　八方風雨
匯聚　十方青睞
我以巨掌　厚實的肉

溝紋中溫暖而澎湃的江河之流
撫弄隨風翻飛的叢林
飛過了耳際　滿足與天齊
長髮披過肩　快樂似神仙
終於
飛揚的叢林隨四季變化且流漂千里

日出日落

大地經一夜養足了精神
醒來
鼓腹一吹
吹出一個超大泡泡
慢慢飄升上了藍天白雲
穹冥累了整個大白天
靜靜的收束翅膀

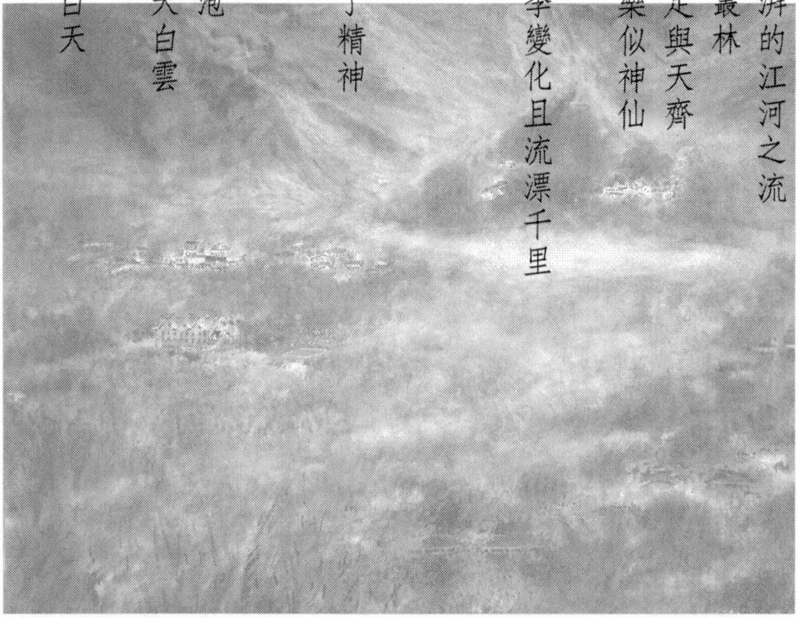

乖乖的　盡責
孵蛋
一顆超大蛋蛋沉入夢鄉

以上五首發表於秋水詩刊一四〇期二〇〇九年元月

狼　跋作品

簡介：狼跋，本名游秀治，一九六二年生，淡江大學中文系畢業，曾任出版社編輯助理、特教老師，現服務於公家機關。中國詩歌藝術學會、三月詩會會員，《紫丁香》詩刊同仁。已出版《時空之樹》詩集一冊。

夢中想你也會笑

像情人　讓人心動
像父母　時時需要
失去　人生了無意義
得到　地獄變成天堂
奮鬥希望理想抱負
似可因你實現
無論何人
夢中想你也會笑

橋

貫穿古今中外
方便人車通行
但
　連不到
你我的
心——

統一發票的怪現象

第一次加油　只要一點點
轉個圈　再加一點點
轉個圈　再加
來來回回數十次

逛超商
每樣分開算
一塊肥皂的一張
豬、魚各一張
只為累積
它們
當獎額忽變千萬（註）

註：統一發票之特別獎獎金，一向只有百萬；今（100）年十一月宣布正式改為千萬，電視上即報導以上之怪現象。

思 三首

藍

天空之色
晴空萬里
何時變成憂鬱之代表？
不懂

氣候

旱災數月
幾日暴雨
是人類環保不夠？
還是末日將盡？

電腦

滑鼠螢幕伺服器
聯結幅員無際的世界
臉書推浪部落格橫行
平面刊物為何還存在？

土樓之戀

俯視
方形的　圓形的
一落落一處處
平視
一片黃土圍成牆
隔絕你我

家族建著土樓
防蟲、防獸、防敵
也防你
舉目　四處荒涼空靈
何時出現解語人？

當時隨族人南遷
三合土圍著樓
保護我
卻無法再見你面

台閩詩友會

一場詩友會　跨海的
隔了四十多年　終於
　把酒相歡　詩歌吟誦

顧北、曾宏、俞昌雄、崖虎等福建代表
雪飛、傅予、台客、狼跋等台灣詩人
古箏相伴
恍若與古人一起詩歌唱和
賓主盡性

歐陽修的蘇幕遮
金筑、顧北的詩
連楊麗花歌仔戲的吟詩都上場
拍手敬賀　四十年的隔離
瞬間　皆化解矣

國家改造之難
—建國百年感言

辛亥革命　歷史性一刻
孫中山　創立民主中國
十一次的流血抗爭　犧牲無數青年血淚
締造
史上不可能之任務

愛國　豈是空號？
黃興　陸皓東　秋瑾　林覺民
面臨國勢頹廢　列國侵略割據
人人思變　家家蠢動
孫中山　希望的代表
　未來的指標

野心貪婪公款私用圖利家人
誹謗誣蔑指摘批評撻伐
鋪天蓋地襲向　孫中山
不辭辛勞不畏誹謗不懼安危

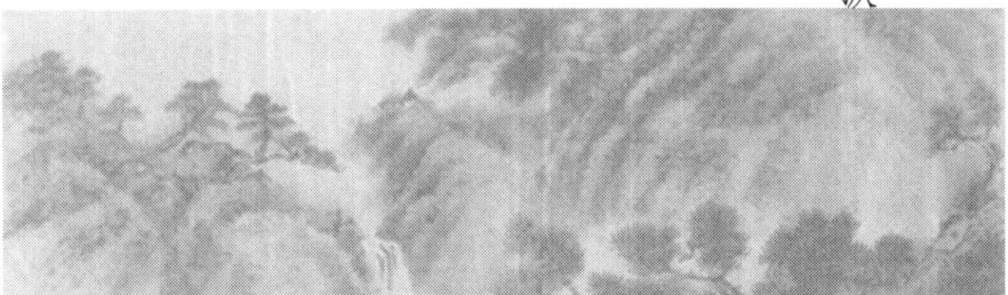

依舊四處奔波　籌錢發聲
　讓世人知道中國的需要
　　阻止外國繼續侵佔之野心
革命終於成功

百年　民國建立至今
歷經　軍閥割據日本侵略共軍叛亂
終至退據台灣
　歷史的悲哀　中國的苦痛
蔣中正　守住　正統中國
　　卻也　極具爭議

國祚延續　極不易
雖偏安海島　歷史之無奈
然仍為台灣之驕傲
　政府之成就
國之立　已明矣——

那一天，槍響

又是選前一天
　槍聲劃破天際
一位助選員　國民黨的連勝文
會影響選情嗎？
　北部的人都在問
二○○四年的三一九事件
一樣選舉的前一天
一樣的槍聲　不一樣的
中彈的是總統候選人
　舉國嘩然
總統身邊人卻面露詭異的
微笑
隔天　民進黨繼續執政
留下疑點重重的槍擊案
夜愈來愈深

電視新聞不時播出
連勝文無生命危險
天氣又放晴
投票率比預期高
那一槍
喚起大家對三一九的記憶

是福是禍？
北部依舊藍天
南部始終綠地
　分化愈趨明顯
可怕復可嘆
台灣人深沈的
　　　　悲哀──

啟　航

啓航　啓航
航向未來
在湖泊　在大海
或捕魚　或移居
無論是幸福
還是可怕
都是
新的開始
哥倫布航離歐州
發現新大陸
麥哲倫堅信地球是圓的
環遊世界一週
明成祖疑惠帝流亡海外
鄭和七次下西洋
開啓世界流通

東方的瓷器指南針茶葉
西方的槍炮十字架鴉片
皆由海之交通
傳遞運輸
啓航　啓航
促成
近百年東西方文物交流
無論
是福　是禍
都是
新的開始

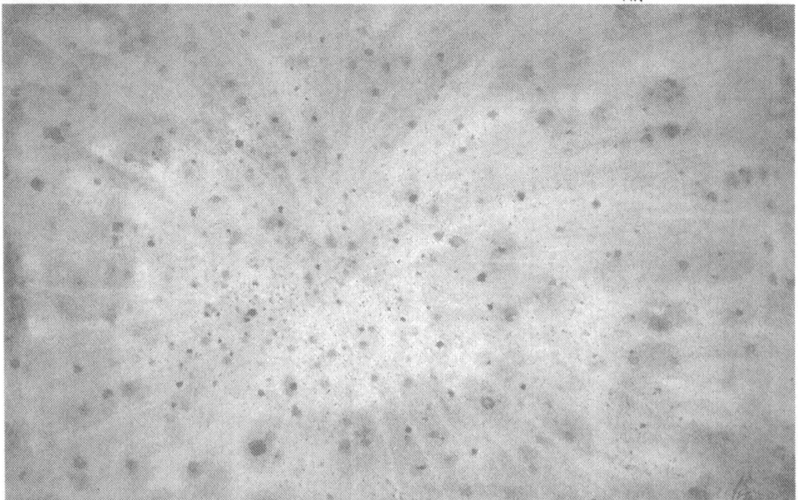

九曲溪的神話

仙樂飄飄繞武夷，九曲神話傳不絕：
白雲洞裡仙樂揚，世人探看如罩雪。
三疊奇峰三道士，誦經修仙天不知；
石猴總愛來作客，攜來魚蝦壞清規。
雄獅駱駝加靈龜，只見象鼻將身尋；
紫石屏後有書聲，春猿秋鶴自飛吟；
凡人成仙須更衣，神曲變調成狐音。
玉女大王戀千古，自今仍未修正果；
蘭桂飄香醉心窩，笑倒醉翁鼓樓臥。

註：二〇一一年十月二十八日在武夷山，乘竹筏順流而下，由九曲至一曲，在船老大的妙語如珠下，聽到許多神話及歷史典故，暢遊一下午。

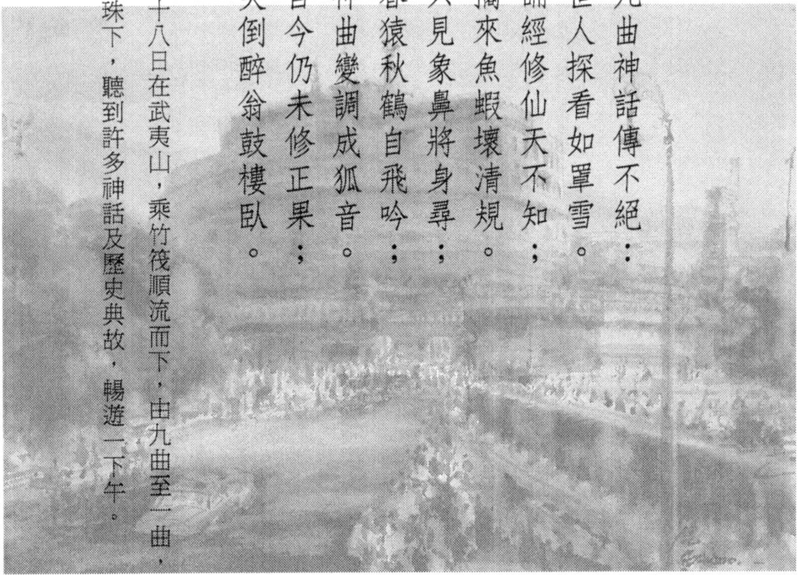

守　候

跟你二年
守候十年
只因當初你收養我
憐我　愛我　寵我
如父如母
　　幸福無限

你走後
無人可取代
今後　只在車站前
守候
期盼你再出現
春去秋來　年復一年
直至天堂
　　相會——

註：「忠犬小八」是依據一九二〇—三〇年代在日本發生之真實故事改編。

愛河憶父

一大一小　兩個人影
摩托車　在愛河旁
急駛

咖啡的煙霧中
彷佛又出現　爸爸
叨著煙　鎖著眉
專注的看著書

迷離中
河聲驚碎
　　　我的夢
淚如潮水

日復一日　年復一年
摩托車依舊急駛　愛河邊
彷佛

載著我的思念
載著慈父的心
載著歲月悠悠

玉瀾恨

・某年遊頤和園之玉瀾宮，思光緒皇帝被囚禁無法治國。
遊園睹景，隨筆寫就此詩。

鳳舞龍翔　情濃意蜜
歡笑蕩宮幃
幾時　回眸一笑千古恨
夜闌靜　心波動　斜影孤映月
度十春
是離愁　悲歌未遠
是情緣　蝶影雙雙
如今成空幻
長淚眼　癡心戀　夢一場
多少壯志葬湖底
奈何天——
問紅顏　為誰鎖清秋
哀離雁　春歸啼未休
醉明月　輕嘆伊何處
歲　悠　悠——

黃山送客松

客來客往行匆匆
且送他一回
古往今來　物換星移
天地裡　唯有江山不老
誰知我？
穹蒼是帳幕
玉屏煙障為吾牆
任蒼苔滿地
千年不掃

對望
自古玉屏特立出塵寰
雲霧裊裊蓋山頂
回句：
非是雲蓋山
只緣峰峭入雲間

莫笑

月冷風寒　微雨雲飄
枝葉搖曳
且偷笑
　人類為情傷為財忙
幾何時
歲月如梭　相送未回
嗟嘆
歸去也——

註：民國八十八年九月，第一次和姊姊去黃山，那時還有送客松；當時姊姊將迎客松及送客松皆拍下來，後來她因感覺，先將送客松畫成一幅油畫。九十八年，她將畫的照片送台北縣牙醫師公會的月刊刊登，我為搭配她的詩，寫成此詩。九十九年，再去黃山，據當地人道，送客松已於八、九年前枯死了。此詩遂成紀念。

飛瀑秘情

飛瀑似銀河傾瀉
星光散落樹間
若你的眼
擾我心　挑我情

今年入林再尋你
枯松倒挂倚絕壁
迴崖沓障雲蒼蒼
青山白雲裡　不見你倩影
驚見單飛雁

密林茂草清幽幽
只見　落葉滿空山　何處覓芳踪
徒留　鳥鳴啾啾吟春曲
水聲隆隆伴輕風
問聲伊人何處去？
露珠如淚灑滿胸

三月詩會二十年小檔案

發起日期：一九九三年三月。

發起地點：中央圖書館（現國家圖書館）餐廳。

發起詩友：林紹梅、田湜、文曉村、王幻、晶晶、劉菲、謝輝煌、藍雲、張朗、邱平、麥穗等十一位。

成立第一次雅聚：一九九三年四月由藍雲召集，在國家劇院餐廳，詩題「三月」。是日田湜因故退出，由金筑遞補，全員出席。

現有同仁：王幻、晶晶、謝輝煌、麥穗、金筑、一信、潘皓、徐世澤、關雲、雪飛、童佑華、林靜助、傅予、文林、丁穎、蔡信昌、陳福成、台客、狼跋等十九位。

曾加入本會的詩友：藍雲、邱平、汪洋萍、大蒙、張清香、周習男、林齡、林恭祖、賀志堅、董劍秋、楊淑芬、方心豫、蔡宗翰、羅明河、心柔、莫野、劉建化、宋后潁。

往生同仁：田湜、林紹梅、張朗、文曉村、王碧儀、周煥武、許運超。

歷年蒞會貴賓：鍾鼎文、向明、明秋水、周伯乃、涂靜怡、琹川、綠蒂、王常新（大陸）、

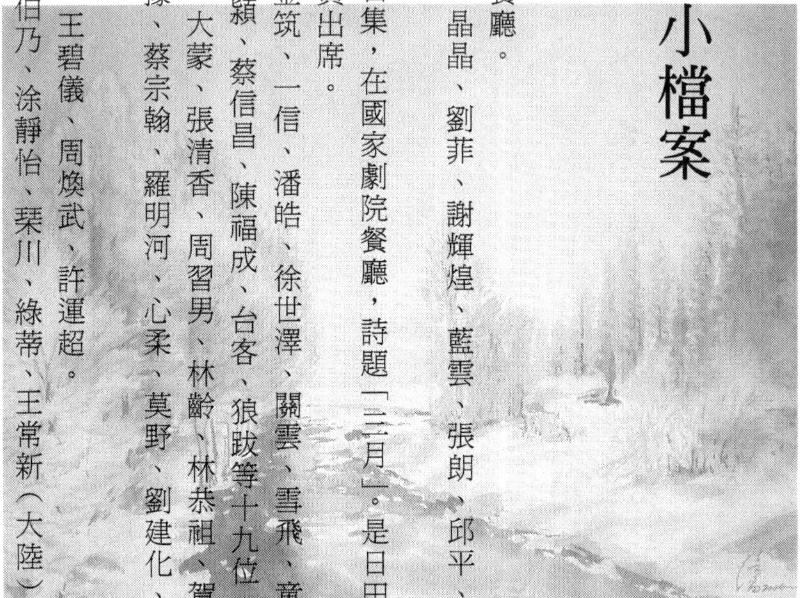

曹介甫（美國）、王祿松、謝青（美國）、魯竹（美國）、古月、秦嶽、古遠清（大陸）、林錫嘉、龔華、趙心鑑、風信子、阿櫓（大陸）、落蒂。

雅聚小酌場所：中央圖書館餐廳、國家劇院餐廳、國軍英雄館、輝煌餐廳、中山堂餐廳、青少年活動中心、中央黨部餐廳、醉紅小酌、天然台、新店碧潭、明星咖啡、中央新村、內湖史東咖啡、鶯歌陶瓷街、真北平餐廳等、周煥武宅、美麗春天大飯店、故宮博物院餐廳。

談詩雅座：國家劇院餐廳、英雄館咖啡座、陸羽茶館、秀苑咖啡、中央新村咖啡座、汪洋萍家、周煥武代書事務所、文藝協會、明星咖啡、中正紀念堂、醉紅小酌、碧潭茶座、中央黨部餐廳、史東咖啡、青少年活動中心、美麗春天大飯店、故宮博物院餐廳、真北平餐廳。

集會次數：自一九九三年四月起，至二〇一二年三月，共集會二四六次。

出版會員選集：成立一周年《三月情懷》（一九九四年八月晶晶、麥穗主編）。
成立三周年《三月交響》（一九九六年三月張朗、藍雲主編）。
成立五周年《三月風華》（一九九八年五月劉菲、汪洋萍主編）。
慶祝千禧年《千禧三月》（二〇〇〇年六月金筑、關雲主編）。
成立十周年《三月十年》（二〇〇三年三月王幻、謝輝煌主編）。
成立十五周年《彩霞滿天》（二〇〇七年九月一信、許運超主編）。
成立二十周年《三月采風》（二〇一二年三月台客、雪飛主編）。
《三月詩會研究》陳福成著　二〇一〇年出版。